Negro, Macumba e Futebol

Coleção Debates
Dirigida por J. Guinsburg

Equipe de realização – Revisão de originais: J. Guinsburg; Revisão de provas: Shizuka Kuchiki; Produção: Ricardo W. Neves e Sérgio Kon.

anatol rosenfeld
NEGRO, MACUMBA E FUTEBOL

 PERSPECTIVA

Dados Internacionais de Catalogação na Publicação (CIP)
(Câmara Brasileira do Livro, SP, Brasil)

Rosenfeld, Anatol, 1912-1973.
   Negro, macumba e futebol / Anatol Rosenfeld. – São Paulo : Perspectiva, 2013. – (Debates ; v. 258 / dirigida por J. Guinsburg)

   3ª reimpr. da 1. ed. de 1993.
   ISBN 978-85-273-0062-9

   1. Antropologia – Brasil 2. Candomblés – Brasil 3. Futebol – Brasil 4. Negros – Brasil I. Guinsburg, J. II. Título. III. Série.

07-1644   CDD-981

Índices para catálogo sistemático:
1. Brasil: Antropologia   981
2. Estudos antropológicos : Brasil   981

1ª edição – 3ª reimpressão
[PPD]

Direitos reservados à

EDITORA PERSPECTIVA S.A.

Av. Brigadeiro Luís Antônio, 3025
01401-000 São Paulo SP Brasil
Telefax: (11) 3885-8388
www.editoraperspectiva.com.br

2020

NOTA DA PRIMEIRA EDIÇÃO

Não é um acontecimento rotineiro: três editoras – a Perspectiva, a da UNICAMP e da USP – se unirem para a publicação de sete livros de um único autor. Mas nem é comum o autor, nem são comuns os livros. O autor é Anatol Rosenfeld, ensaísta, crítico de literatura e de teatro, pensador, mais conferencista do que professor regular, cujos vinte anos de falecimento a publicação desses livros procura rememorar; os sete livros que agora são publicados são inéditos deixados por Rosenfeld, lealmente conservados e criteriosamente editados por seu grande amigo e editor, o Professor Jacó Guinsburg. Não é difícil apontar a importância de tais livros: a própria variedade dos assuntos – desde os mais densamente teóricos, como os que estão em *Texto/Contexto II*, até os históricos que tratam da evolução do Teatro ou os mais ambiciosamente antropológicos, tratando de futebol ou de ritos afro-brasileiros – acrescenta elementos preciosos para uma mais ampla caracterização do intelectual que foi Anatol Rosenfeld. Um intelectual europeu que, a exemplo de alguns raros companheiros de geração, como Paulo Ronai ou Otto Maria Carpeaux, soube fazer da terra brasileira de adoção um cenário profícuo para uma extraordinária presença cultural. Neste sentido, a homenagem que as três editoras agora lhes prestam é a mais justa e a mais adequada: não apenas o acrescentamento de obras inéditas a uma bibliografia já básica na Cultura Brasileira mas o resgate de textos fundamentais que venham enriquecer esta mesma Cultura, propiciando um pensar rigoroso e inventivo sobre temas sempre atuais.

João Alexandre Barbosa
Eduardo Guimarães

NOTA DOS ORGANIZADORES

A preparação deste volume, assim como dos demais que reúnem postumamente os escritos de Anatol H. Rosenfeld, é resultado de uma longa pesquisa, iniciada em 1988, nos arquivos organizados por Nanci Fernandes após a morte do autor em 1973.

Contando já com precedentes que levaram, em anos anteriores, à publicação, por Nanci Fernandes e Jacó Guinsburg, de coletâneas de trabalhos provenientes do mesmo fundo, como *Teatro Moderno*, *O Mito e o Herói no Moderno Teatro Brasileiro*, *Estrutura e Problemas da Obra Literária*, *O Pensamento Psicológico*, *Mistificações Literárias*, a presente organização conclui um antigo projeto da Editora Perspectiva – dar acesso ao público leitor à extensa e diversificada contribuição do crítico Anatol H. Rosenfeld, que, tendo de sair da Alemanha hitlerista, se radicou no Brasil no fim dos anos 30. Sua incisiva e pertinente intervenção no debate cultural em nosso meio se fez através de um sem-número de ensaios, artigos e conferências que focalizavam, não só temas em pauta na literatura, nas artes e no pensamento europeus e internacionais, como penetrantes e às vezes surpreendentes abordagens de aspectos e problemas da cultura e da sociedade brasileiras.

Do acervo existente foi possível projetar dez volumes segundo critérios temáticos específicos, três dos quais reservados a contos, poesias, crônicas etc., e outros sete, já concluídos, de caráter ensaístico. Aí estão enfeixados os escritos das sucessivas etapas que o autor percorreu ao longo dos quarenta anos de sua vida no Brasil. São estudos e reflexões sobre filosofia, política, antropologia, estética, literatura, teatro, imprensa, rádio, cinema, opinião pública e propaganda.

Tal é o conjunto que agora vem a público, proporcionando uma visão abrangente do largo espectro versado pela produção interessada, sensível e original deste observador sagaz e analista profundo que foi Anatol H. Rosenfeld.

Jacó Guinsburg
Abílio Tavares

NEGRO, MACUMBA E FUTEBOL

Encontram-se reunidos neste volume três estudos publicados por Anatol H. Rosenfeld no anuário *Staden Jahrbuch*, do Instituto Hans Staden, em 1954, 55 e 56, respectivamente.

O autor escreveu estes trabalhos em alemão e dois deles são inéditos em português. O terceiro, "Futebol no Brasil", foi vertido por Modesto Carone e estampado na revista *Argumento* em 1974, logo após a morte do Autor.

A conjugação destes três estudos em um único volume oferecerá ao leitor não só análises pertinentes dos assuntos focalizados – escritas menos à guisa de desenvolvimentos científicos do que de apanhados de conjunto – como uma ideia da sólida bagagem sociológica, antropológica e política que sustentava as incursões crítico-estéticas de Anatol H. Rosenfeld no território cultural brasileiro.

J. Guinsburg
Abílio Tavares

SUMÁRIO

1. A SITUAÇÃO DAS PESSOAS DE COR NO
   BRASIL 19
   1.1. *A Situação Econômica da População de Cor*   19
   1.2. *A Atitude Racial da População Branca*........ 22
   1.3. *A Atitude das Pessoas de Cor*...................... 37
   1.4. *Resumo*.. 46

2. MACUMBA... 49
   2.1. *Esclarecimento Conceitual* 49
   2.2 *Origem e Autenticidade do Candomblé Baiano*   50
   2.3. *O Mundo das Divindades Afro-Baianas*....... 52
   2.4. *Os Locais de Culto e a Hierarquia* 56
   2.5. *A Festa*... 62
   2.6. *A Função do Candomblé*............................... 68

3. O FUTEBOL NO BRASIL 73
   3.1. Introdução 74
   3.2. Esboço Histórico 75
      3.2.1. Os inícios 75
      3.2.2. Ascensão das massas 80
      3.2.3. Revolução do jogo profissional 84
   3.3. Aspectos Econômicos do Futebol 88
      3.3.1. Números gerais 88
      3.3.2. Dois clubes 90
      3.3.3. O jogador 92
   3.4. Aspectos Psicossociais do Futebol 94
      3.4.1. O torcedor 94
      3.4.2. O ídolo 98
      3.4.3. Macumba 102
   3.5. Catarse das Massas 104

1. A SITUAÇÃO DAS PESSOAS DE COR NO BRASIL

1.1. *A Situação Econômica da População de Cor*

Embora, como reconhecido por todos, os preconceitos e discriminações contra os negros no Brasil ocorrem atualmente em relativa pequena escala, é evidente que sua situação econômica e social na média é relativamente menos favorecida do que a das camadas da população branca. Na verdade, um certo percentual de negros e principalmente de mulatos de pele mais clara tem tido acesso à classe média e até mesmo às classes mais altas; a grande massa das pessoas de cor com forte sangue africano pertence, no entanto, como sempre, e apesar da relação pacífica e até mesmo amigável entre as raças, às camadas mais "baixas" da população e mesmo no âmbito dessas classes lhes são frequentemente atribuídas atividades menos reconhecidas e mais mal remuneradas do que as oferecidas aos brancos da mesma classe.

É fácil dar prova do fato. Por exemplo, ainda que mal exista de alguma forma no Brasil uma exclusividade de bairros determinada pela raça como na América do Norte, de acordo com os dados do Censo de 1940, a maior parte da população negra no Rio de Janeiro mora nos bairros mais pobres, e a porcentagem de negros em bairros mais elegantes deve-se à presença de trabalhadores domésticos. Donald Pierson[1] levantou os mesmos dados em Salvador. Pierson obteve os seguintes números em um evento esportivo em Salvador (1936): lugares a dez cruzeiros: 2,1% de negros, 23,8% de mulatos em sua maioria de pele mais clara, 74,1% de brancos; lugares a sete cruzeiros: 4,1% de negros, 29,4% de mulatos claros, 66% de brancos; lugares a três cruzeiros: 51,1% de negros, 39,9% de mulatos mais escuros, 9% de brancos. Mesmo em uma apresentação teatral (São Paulo, 1953) de um grupo negro de alta qualidade (Teatro Experimental do Negro), o número de pessoas de cor era extremamente reduzido, sem dúvida por causa do alto preço (cinquenta e cinco cruzeiros): onze negros e dezesseis mulatos entre trezentos espectadores.

Na Bahia, onde o número de negros é extraordinariamente grande (70% em 1940 e 71% em 1950) e é de se supor que o preconceito seja significativamente menor do que nos Estados do sul, havia no ano de 1936, de acordo com amostragens feitas ao acaso por Donald Pierson, 0% de negros, 2,4% de mulatos e 84% de brancos entre bancários (a porcentagem restante corresponde a elementos com pouquíssimo sangue negro africano, que no Brasil em geral contam como brancos); 0% de negros, 8% de mulatos e 76% de brancos entre padres; 0% de negros,

---

[1]. Donald Pierson, *Negroes in Brazil*, Chicago, The University of Chicago Press, 1942, pp. 15 e ss. e 177 e ss.

7,5% de mulatos e 75% de brancos entre comerciantes; 0% de negros, 14,2% de mulatos e 70,3% de brancos entre professores universitários; 1,7% de negros, 9,7% de mulatos e 67,1% de brancos entre advogados; 1,7% de negros, 11,6% de mulatos e 66,7% de brancos entre políticos; 1% de negros, 20% de mulatos e 63% de brancos entre médicos; 3% de negros, 24,1% de mulatos e 57% de brancos entre professores de escola secundária; 6% de negros, 27% de mulatos e 54,8% de brancos entre comerciários; 5,6% de negros, 32,8% de mulatos e 45,2% de brancos entre funcionários públicos. Em contrapartida, os levantamentos feitos nas classes mais "baixas" apresentaram os seguintes números: 93% de negros, 7% de mulatos e 0% de brancos entre carregadores; 89% de negras, 9,5% de mulatas e 0% de brancas entre lavadeiras; 83% de negros, 15% de mulatos e 0% de brancos entre carroceiros (donos de um animal e uma carroça); 783% de negros, 21,2% de mulatos e 0,5% de brancos entre cantoneiros; 60% de negros, 32,5% de mulatos e 5% de brancos entre motorneiros de bonde; 44,7% de negros, 433% de mulatos e 10,7% de brancos entre caminhoneiros. Cada um dos levantamentos engloba de 100 a 250 trabalhadores; a porcentagem 0% certamente não significa que não existam brancos nas profissões pesquisadas. Em grandes cidades industriais como São Paulo, por exemplo, onde o número de pessoas de cor é significativamente menor, a quantidade de brancos que ocupa as profissões levantadas deve ser consideravelmente maior.

O presidente de uma associação de negros em São Paulo afirmou em uma conversa[2] que 80% dos negros na segunda maior cidade do Brasil e maior cidade industrial "não exercem profissões específicas [...] O negro é meio

---

2. Virgínia Leone Bicudo, "Atitudes Raciais de Pretos e Mulatos em São Paulo", *Sociologia*, São Paulo, 1947, tomo IX, nº 3, pp. 195-219. Uma parte das citações não se encontra na publicação mencionada mas somente em uma edição especial mais abrangente desse trabalho, só disponível com a autora.

marceneiro, meio mecânico, meio pedreiro e nunca consegue ser um trabalhador especializado [...]", uma opinião sem dúvida exagerada do ponto de vista polêmico, mas que parece estar certa do ponto de vista do sentido. As atividades nas quais o elemento de cor prevalece ou se destaca bastante são as de engraxates, carregadores, mensageiros, pessoal de limpeza, ajudantes, funcionários de baixo escalão, guardas-noturnos, motorneiros de bonde, pessoal de cozinha, ferroviários de baixo escalão e profissões similares que ou são mal remuneradas ou não contam com prestígio significativo na categoria em questão.

1.2. A Atitude Racial da População Branca

A situação econômica das pessoas de cor descrita acima espelha-se naturalmente no geral em sua posição cultural e social, que, por sua vez, novamente influencia sua situação econômica. Diversas circunstâncias históricas – principalmente o sistema de escravidão que imperava até 1888 e as consequentes desvantagens de toda sorte que resultaram para os negros – parecem ser a razão principal para o progresso extremamente lento experimentado pelas pessoas de cor, principalmente dos negros retintos. Por outro lado, a singularidade desses acontecimentos históricos, se comparados por exemplo com os da América do Norte, explicaria a diferença da situação das pessoas de cor no Brasil e nos Estados Unidos.

Por muitas razões, a libertação dos escravos no Brasil se deu de forma pacífica como parte de um desenvolvimento gradual confirmado pela Lei Áurea de 1888, enquanto na América do Norte ocorreu uma guerra civil sangrenta que obrigou o sul com toda a violência a abrir mão do sistema de escravidão e que por seus efeitos dramáticos resultou em ressentimentos profundos. Esse desenvolvimento gradual encontrou sua expressão simbólica no fato de que no Brasil a "continuidade da cor" existente, que liga o preto retinto ao branco por meio de incontáveis nuanças de cor, tem sua correspondência igualmente na atitude matizada dos brancos em relação aos negros, enquanto na América do Norte a população branca é separada da dos negros por meio de um corte brusco, não importando quão clara é a pele.

Esquematicamente, poderíamos dizer que os negros constituem atualmente uma casta especial na América do Norte, separada da casta dominante dos brancos por uma linha precisa e em princípio intransponível, situação esta que se manifesta também através da proibição legal de casamentos inter-raciais em vários Estados. No Brasil, não existe em princípio uma fronteira intransponível e nem a proibição legal de casamentos mistos. E, embora a linha da cor esteja consideravelmente encoberta pela linha da classe, graças à continuidade mencionada ocorrem flutuações constantes, um subir e descer constante que mistura as linhas de cor e de classe impossibilitando em princípio qualquer separação. Já por definição, as classes preferem a mobilidade vertical quando não querem ser agrupadas em castas. A consequência é que quando os negros na América do Norte progridem, eles o fazem dentro da divisão de classes de sua própria casta, de forma que convivem lado a lado e ao mesmo tempo duas sociedades de classes. No Brasil, ao contrário, a ascensão das pessoas de cor ocorre dentro daquela sociedade composta de brancos e pessoas de cor.

Se, portanto, razões históricas podem explicar a situação atual ainda relativamente desfavorável das pessoas de cor, por um lado, por outro, a singularidade da colonização portuguesa e outros desenvolvimentos históricos, comparados com o desenvolvimento completamente diferente da América do Norte, explicariam a amenidade do preconceito existente no Brasil. De fato, a atitude de um grande número de brasileiros brancos e "mais claros" em relação às camadas mais escuras da população não atingiu a fase do preconceito cristalizado: trata-se muito mais daquilo que poderíamos chamar de "parcialidade". Ideologicamente, o preconceito contra os negros é quase sempre totalmente negado, e o brasileiro se gaba com orgulho de sua falta de preconceito.

> O pensamento de que o Brasil como democracia racial constitui um exemplo de experimento bem-sucedido traduz-se nessa ideologia como um valor, cuja investigação e discussão só são permitidas com reserva[3].

Esse valor é consagrado como expressão da cultura luso-brasileira, e qualquer discriminação flagrante e pública pode desencadear fortes reações não só do homem da rua[4] mas também dos jornais, que lutam radicalmente e sem distinção contra qualquer discriminação, nem que seja só pelo fato de se manifestarem sobre o assunto.

Bastante ligado à singular posição da questão das pessoas de cor em sua ligação com uma separação de classes e não de castas, está o fato de que a parcialidade não se dirige à raça da pessoa de cor como tal, mas sim contra a "visibilidade" da cor ou outros sinais característicos simbólicos do antigo *status* de escravos, como cabelos crespos e lábios grossos principalmente. A visibilidade do símbolo é que regula o reflexo indireto da parcialidade e não a descendência como tal. Enquanto na definição norte-americana, negro é todo aquele em cujas veias comprovadamente corra um fio que seja de "sangue negro", de forma que o que importa não é a aparência e sim a descendência racial, o brasileiro tende a valorizar o indivíduo de acordo com aquele aspecto que engloba

---

3. Florestan Fernandes, "O Preconceito contra as Pessoas de Cor no Brasil e a Luta Jurídica", em *Anuário Staden*, São Paulo, tomo 1, 1952, p. 105.
4. Emilio Willems, "Race Attitudes in Brazil", *The American Journal of Sociology*, tomo LIV, nº 5, mar. 1945, p. 406.

inúmeras variações de valor individual, que dependem tanto da parcialidade no caso do avaliador como das qualidades do avaliado. Portanto, a cor de um indivíduo não é um indicador de um ser diferente, mas apenas uma característica mais ou menos negativa dependendo da tonalidade, que pode ser compensada pela existência de outras características mais ou menos positivas. Trata-se muito mais de diferenças "quantitativas" do que "qualitativas". São "quantidades" positivas uma boa posição econômica, posição social elevada, profissão respeitada, formação, capacidade, aparência elegante, charme pessoal, boas maneiras, em resumo, os símbolos da classe dominante civilizada. Se a visibilidade não for muito intensa, ela pode, consequentemente, ser encoberta por tais símbolos: fecha-se um olho e o outro vê em diminutivo – aquele diminutivo que dá ao português falado no Brasil um colorido cordial específico e cujo uso frequente por linguistas remete à influência direta das pessoas de cor, à relação patriarcal entre os senhores e os escravos e entre "pais" e "filhos". O indivíduo em questão passa por branco, continua a ser aceito pelos brancos e recebe o atestado de cor branca também em seus documentos.

Em um determinado grau, portanto, ainda hoje é válida a observação de Sir Richard Burton sobre o Brasil imperial:

> Aqui todas as pessoas, principalmente as pessoas livres, são brancas desde que não sejam pretas; frequentemente uma pessoa é oficialmente branca, mas, de acordo com a natureza, ela é quase negra.

"Quem escapa de negro, branco é", diz o ditado popular exagerado, enquanto na América do Norte ocorre exatamente o oposto: quem não é branco, é negro.

A situação descrita possibilita a ascensão principalmente de indivíduos de pele mais clara – sempre de acordo com qualidades individuais especiais. As características positivas da pessoa de cor em ascensão devem, esquematicamente falando, superar as do branco em ascensão na mesma proporção em que sua tonalidade de pele difere da dele.

É importante observar que no Brasil, ao contrário do que ocorre na América do Norte, não se formou uma ideologia que justificasse a parcialidade *a posteriori*. Quando é possível definir a racionalização e uma grande parte de nosso pensamento ideológico como um procedimento "de busca de argumentos para que possamos continuar a acreditar (e com a consciência limpa) no que já acreditamos"[5], podemos concluir, ante a falta de uma ideologia racial baseada no preconceito, que esse problema para os brasileiros não alcançou o rigor de um conflito de consciência. Exatamente isso ocorre na América do Norte, na medida em que a discriminação contra os negros contradizia de maneira óbvia a tradicional filosofia americana do Iluminismo, de igualdade entre as pessoas, de modo que foi necessária a criação de uma ideologia de exceção para as pessoas de cor, primeiro em nível religioso e depois em nível biológico, que justificasse o tratamento de exceção por elas recebido em nível de consciência e para aplacar conflitos internos. Tal conflito só ocorreria no Brasil em casos isolados e atípicos porque, por um lado, a filosofia iluminista não teve a mesma penetração e o extraordinário efeito duradouro como na América do Norte; por outro, porque a parcialidade sempre foi tão discreta que raramente levava a conflitos de consciência. O preconceito é tão sutil, tão centrado no diminutivo querido, que nunca poderia atingir uma fase de saturação que levasse à criação de uma ideologia defendida coletivamente.

Pouco se tem encarado a questão das pessoas de cor como problema no Brasil, pelo menos até há pouco tem-

---

5. William Albig, *Public Opinion*, "Sobre a Racionalização", New York, 1939, pp. 65 e ss.

po, que isso é comprovado pela escassa literatura existente sobre o tema. Nos Estados Unidos existe uma bibliografia de mais de cem mil obras sobre a questão do negro, que expressa claramente a profunda preocupação com este "dilema americano".

O efeito de hábitos de pensamento ideológicos não deve ser desprezado. Afinal, é importante que no Brasil não se tenha desenvolvido uma ideologia para justificar a parcialidade existente, mas sim uma ideologia que justifica a miscigenação altamente desenvolvida como expressão de uma sociedade composta por cerca de 50% de mestiços e que declara que futuras miscigenações são desejáveis com a esperança secreta, é claro, de que isso leve a um "clareamento" significativo da população de pele mais escura, resultando, talvez, no desaparecimento dos negros. De acordo com as estatísticas, a existência dessa tendência é incontestável, mesmo que seu efeito se dê de maneira lenta.

Naturalmente, a falta de uma ideologia que justifique a discriminação não exclui que inúmeros estereótipos estejam espalhados como estilhaços e partículas de uma censura latente e severa que acoberta uma ideologia. Esses estereótipos, pequenos reflexos da parcialidade e de grande significado no dia-a-dia do preconceito, têm supostamente um ponto de partida no comportamento real das pessoas de cor, mas deturpam a realidade através de exagero, distorção, simplificação e generalização, falseando a verdade na medida em que eles, o que muito provavelmente pode ser explicado por uma história e situação específicas, tendem a reduzir tudo a traços inalteráveis. Os estereótipos contribuem para que se desenvolvam nas pessoas de cor as características que lhes foram atribuídas de forma generalizada e simplificada. A opinião revelada sutilmente sobre as pessoas de cor é recebida por eles de forma "introjetada". No final, chega-se ao ponto em que as pessoas de cor vivem de acordo com a imagem que os brancos fazem deles, e agem como se espera que eles ajam. Dessa maneira, o branco forma a pessoa de cor de acordo com a imagem que faz dele. Entre os inúmeros estereótipos existem alguns que parecem ter valor positivo. Relacionamos a seguir alguns estereótipos negativos ou "rótulo": os negros são: preguiçosos, pouco confiáveis, descuidados, falsos, sujos, pervertidos, inconstantes, supersticiosos, selvagens, briguentos, depravados, burros, primitivos, beberrões, incontroláveis etc. Estereótipos aparentemente positivos: os negros são: simples (portanto, podem viver com menos dinheiro do que os brancos), humildes, dóceis, afáveis (característica positiva, que por outro lado caracteriza a personalidade do escravo ideal), talentoso do ponto de vista musical e da dança ("pode não estar tudo bem com ele, mas vive com mais prazer do que nós"), muito forte (portanto, adequado aos trabalhos mais pesados), religioso ("eles são pobres, mas encontram na fé mais alento do que nós no dinheiro"), sensuais, dotados de sexualidade (a mulher negra como objeto sexual do homem branco), emotivos, imaginativos ("eles são mesmo crianças, não podemos levá-los muito a sério").

Como vemos, os estereótipos positivos são quase piores para as pessoas de cor do que os exclusivamente depreciativos. Um estereótipo como o da simplicidade justifica a oferta de funções desvantajosas e maus salários. Gunnar Myrdal aponta que esses "rótulos" têm um papel muito importante também na América do Norte:

> Salários mais altos [assim é a opinião] fazem com que os negros fiquem preguiçosos e corrompem seu moral. Principalmente esta última afirmação [...] mostra uma semelhança cabal com as ideias relacionadas às classes de trabalho em sua totalidade, como foram desenvolvidas de forma sistemática por autores mercantilistas nos séculos XVII e XVIII na Europa [...][6].

6. Gunnar Myrdal, "An American Dilemma", *The Nego Problem and Modem Democracy*, New York e Londres, Harper & Brothers Publishers, 1944, tomo I,

naturalmente para justificar salários menores.

A existência de preconceito foi recentemente reconhecida através da promulgação de uma lei contra a discriminação de cor e raça. Desenvolvida por um legislador conservador, foi votada pelo Parlamento em 1951 para a aplicação de uma proibição constitucional consolidada de discriminação racial. O texto da lei contém uma relação de formas de comportamento, que indicam preconceito e são puníveis – por exemplo, discriminação em hotéis, escolas, empresas, pensões, lojas etc. Um cientista expressa em um comentário[7] a suspeita de

> que aos motivos, que [...] ajudaram [...] a lei a nascer, deve-se adicionar fatores como a intensificação do preconceito em alguns Estados do sul (portanto, nos Estados com a menor população negra e a maior população de imigrantes europeus), e ainda a ineficiência da proibição contida na lei vigente [...].

Não é sempre fácil determinar em um caso concreto se se trata de uma discriminação contra as pessoas de cor ou contra um indivíduo não aceitável do ponto de vista de classe. Quando, por exemplo, não vemos negros em geral nos "clubes classe A", isso se deve primeiramente ao fato de que o pagamento da mensalidade é impossível para eles. Ainda assim, mesmo quando têm uma boa situação financeira, eles preferem, nesse e em casos semelhantes, desistir da tentativa e dar o exemplo para evitar possíveis ofensas. Isso não exclui o fato de que em clubes de primeiro nível existam pessoas de cor benquistas ou pelo menos "mulatos de renome". Por outro lado, todos ainda se lembram do caso de uma famosa dançarina norte-americana que não foi aceita em um hotel tradicional de São Paulo. O escândalo resultante e a reação extremamente forte da imprensa mostram que rara-

---

p. 216. O círculo vicioso muitas vezes mencionado no artigo é analisado por Myrdal em todos os detalhes referentes ao negro norte-americano.
7. Florestan Fernandes, *op. cit.*, p. 107.

mente tal coisa acontece ou chega aos noticiários e também o quanto a atenção de todos está voltada para o respeito à ideologia de raça.

O fato de a distância social ter-se cristalizado em uma determinada separação "espacial" pode ser comprovado da melhor forma através da observação dos passeios noturnos dos jovens nos principais lugares de pequenas cidades de algumas regiões. Se se tratar de uma praça, a "melhor sociedade", composta quase que exclusivamente por brancos, ocupa o espaço interno; os elementos mais pobres, muitos de pele mais clara e mulatos, movimentam-se em um círculo externo, mas ainda dentro do espaço, enquanto a juventude trabalhadora -muitos negros e mulatos mais escuros – fica fora da praça, do outro lado da rua, mas não forma um círculo e, sim, anda para cima e para baixo em um trecho específico, já que aqui os grupos femininos e masculinos circulam em direção contrária e demoraria muito até que se encontrassem novamente na periferia do local. Se for uma rua, as diferentes castas sociais e raciais andam em direções contrárias ou em lados diferentes da rua: os "melhores" grupos ocupam sempre o lado mais claro, normalmente na frente do cinema. Essa separação não impede que pessoas de cor, por diferentes razões, façam parte do "grupo de dentro", enquanto, por outra parte, inúmeros brancos ficam "do lado de fora". Preconceitos de classe e cor são ligados de forma praticamente inseparável.

Um levantamento sobre a distância social (escala Bogardus)[8] feito com 2076 estudantes de universidades em São Paulo apresentou os seguintes resultados: respostas positivas à pergunta: Você aceitaria como esposo(a): (um, uma) mulato(a) – 14% (1,1% na América do Norte em levantamentos semelhantes), negro – 9,9% (1,4%),

---

8. Carolina Martuscelli, "Uma Pesquisa sobre Aceitação de Grupos Nacionais, Raciais e Regionais, em São Paulo", *Boletim CXIX da Universidade de São Paulo, Psicologia*, São Paulo, 1950, nº 3, pp. 57-73.

italiano – 74,7%, português – 72,7%; como membro do clube e no grupo de amigos: mulatos – 59,7% (9,6%), negros – 55,5% (9,1%), italianos – 89,5%, portugueses – 86,6%; como vizinho: mulatos – 75% (10,6%), negros – 71,9% (11,8%); como colega de trabalho: mulatos – 74,9% (32%), negros – 73,3% (38,7%); expulsão do país: mulatos – 5,2% (163%), negros – 7% (12,7%).

Os resultados mostram a existência de discriminação contra as pessoas de cor significativamente menor do que na América do Norte. O interessante é que os norte-americanos parecem preferir os negros aos mulatos, ao passo que no Brasil ocorre o contrário. Isso comprova que o brasileiro tem uma atitude relativamente positiva em relação à miscigenação de raças enquanto o norte-americano não a aceita.

Pode-se falar em discriminação no sentido geral quando as oportunidades oferecidas a determinados grupos são piores do que as oferecidas a outros. Mesmo uma discriminação tão branda como a que se manifesta no Brasil poderia, a longo prazo e mesmo para grupos que no começo ocupassem a mesma posição, resultar em que a média do grupo discriminado venha a ocupar paulatinamente posições menos reconhecidas ou materialmente com menos oportunidades de progresso, já que se acha em posição mais fraca na luta contra a média do grupo não discriminado.

Tal caso iniciaria o complexo processo de um círculo vicioso. Na média, a posição econômica desfavorável resulta em piores condições de educação, de saúde, prestígio social diminuído, maior labilidade psíquica e moral – características que, por sua vez, voltam a contribuir para a discriminação. Se isso já é a regra para grupos que têm o "mesmo começo", então a pressão dessa gravitação seria bastante clara no caso de pessoas de cor "visível", que, como escravos, começaram "bem embaixo", ou seja, que já nasceram praticamente dentro da esteira do círculo vicioso.

Algumas ofertas de emprego em anúncios de um jornal são sintomáticos de tal discriminação. O exame de 10 mil "pequenos anúncios" de um jornal de São Paulo[9] resultou, após a exclusão de todos os anúncios repetidos, em 245 diferentes anunciantes que procuravam empregados brancos (em sua maioria para serviços domésticos), enquanto seis anunciantes preferiam negros e quatro não davam à cor qualquer importância. No que se refere aos que procuravam um emprego, 49 deles se diziam brancos e outros 40 se declaravam negros, mulatos, de cor ou pessoas de cor clara.

Quando perguntados pelo motivo de sua posição, 48 dos 223 anunciantes discriminadores responderam que achavam sua atitude de rejeição "natural" e não entendiam o sentido da pergunta. Trinta descreveram os negros como não confiáveis, 14 como preguiçosos para o trabalho, 12 diziam que era o hábito, 5 consideravam os negros desobedientes, indisciplinados e incontrolados, 7 queriam evitar o contato de negros com seus filhos, 4 diziam que os negros eram "ordinários" e "imprestáveis", 4 diziam "não gostar" de negros, 3 não gostavam da forma de cozinhar, 3 preferiam brancos porque eles "tinham melhor aparência", 2 achavam o cheiro dos negros horrível, 2 julgavam que eles eram lentos para trabalhar e "muito espertos", 2 diziam que eram "sem-vergonhas", 1 afirmava que eram "exigentes", 1 que eram "preguiçosos" e 1 que eram "desmazelados". Motivos estéticos foram citados muitas vezes e trabalhadores brancos eram requisitados principalmente quando existia a necessidade de contato contínuo com clientes (garçons, mensageiros, vendedores, motoristas). Entre os discriminadores havia

---

9. Oracy Nogueira, "Atitude Desfavorável de Alguns Anunciantes de São Paulo em Relação aos Empregados de Cor", *Sociologia*, São Paulo, 1942, tomo V, nº 4, pp. 328-358.

um número significativo de estrangeiros ou de seus descendentes diretos. Uma confusão de estereótipos, generalizações, contradições e correções pessoais incessantes espelha a opinião de um milionário italiano que procurava uma cozinheira branca e uma empregada branca, citado como exemplo típico:

> Quando o negro é bom, não importa. Eu tenho um menino negro que faz a limpeza, mas [!] ele é bonzinho, como um branco. Quando os negros são pessoas de confiança, valem mais do que os brancos. No entanto, quem quer tudo limpinho em sua casa não gosta de negros. Valorizamos o indivíduo, não a raça. Tenho alguns empregados negros, entre eles o irmão do menino que faz a faxina. Estou satisfeito com ele, mas mesmo assim sempre digo a meu administrador que ele deve evitar empregados negros desconhecidos [!] porque o negro quando é vagabundo pode ser muito perigoso e seu rosto, como do amarelo, nunca trai seus sentimentos. Por isso, o negro pode ser muito cínico. Além disso, a raça branca ainda é superior. O negro 6 indolente e não tem iniciativa. Quando permanece bastante tempo no emprego, ele aprende a trabalhar; mas *é* como uma máquina, trabalha de forma mecânica, sem inteligência. O negro, mesmo quando é muito limpo, sempre cheira mal[10].

O caso[11] de um outro milionário que procurava um motorista negro mostra que frequentemente ocorrem situações típicas de preconceito de cor, no qual a classe não tem papel significativo: os três empregados domésticos brancos disseram ao patrão que iriam embora se admitisse o motorista negro. Quando, apesar disso, ele o admitiu, eles não cumpriram a ameaça mas exigiram que o negro fizesse suas refeições sozinho. O mesmo informante explica que essa atitude por parte dos trabalhadores brancos não é rara; muitas pessoas se veem obrigadas "a ter um grupo racial homogêneo de trabalhadores domésticos".

Característico também, embora pequena, é aquela quantidade de pessoas que procuram um emprego e in-

---

10. *Idem, ibidem.*
11. *Idem, ibidem.*

formam sua cor como forma de evitar correrias e ofensas desnecessárias, um fato que comprova claramente uma discriminação latente dos brancos e um certo conformismo dos negros no campo econômico. Nos poucos casos em que os anunciantes brancos procuravam empregados negros, apareceu aquela estereotipização aparentemente "favorável" já mencionada. Entre eles havia um proprietário de terras que dizia que os negros eram "obedientes e dispostos para o trabalho" e uma viúva que afirmava que "as negras são mais fortes, suportam mais e dão menos valor ao luxo". Outros diziam que os negros são "mais submissos". As contradições entre as opiniões dos que preferem e dos que rejeitam os negros demonstram a irracionalidade dos estereótipos que frequentemente resultam da generalização crassa proveniente de uma única experiência pessoal.

Esses exemplos indicam que, mesmo nas profissões "inferiores", as oportunidades dos negros não são tão grandes como -as dos brancos e que provavelmente existe uma tendência de agrupá-los em posições menos favorecidas. Um grande número de profissões, principalmente aquelas nas quais os contatos com o público branco são inevitáveis, dificilmente estão ao alcance das pessoas de cor, especialmente dos negros retintos. Assim, raramente encontramos garçons negros em bons restaurantes; a pressão social canaliza os elementos de cor dessa profissão para estabelecimentos inferiores onde há menos competição com os brancos, e uma tendência semelhante parece constituir uma situação desvantajosa para os negros em muitas ramificações profissionais. O certo é que dentro da classe trabalhadora a discriminação é muito menor do que na América do Norte, e a competição dentro dessa classe não chegou aos níveis aí experimentados. Os sindicatos estão livres de qualquer tipo de discriminação, de forma que nunca poderia se desenvolver aquele mecanismo que facilita de forma conveniente a vida dos empregadores em algumas regiões da América do Norte, já que os empregados de diferentes raças vivem em intenso conflito entre si e não conseguem ser solidários.

Um estudo das atitudes de 4 522 alunos em São Paulo com idades entre 9 e 15 anos com relação à cor de seus colegas[12] – as perguntas conhecidas sobre a preferência de vizinhos de carteira tiveram que ser respondidas – resultou que a porcentagem de aceitação de vizinhos brancos e japoneses foi bem maior do que a rejeição, enquanto os negros e os mulatos foram mais rejeitados como vizinhos do que aceitos. Os autores chegaram à conclusão de que existe uma certa discriminação em relação à cor. A cor raramente foi citada entre os motivos dados para a preferência ou rejeição. Houve uma rejeição clara em relação à cor em somente 0,22% dos casos. Em todos os outros casos, os alunos citaram uma ampla gama de qualidades para preferir alguém e defeitos para rejeitar alguém. A autora enfatiza:

> A rejeição explícita por motivo de cor estava encoberta por uma censura muito forte. As atitudes estavam marcadas através de uma identificação dos brancos com as qualidades apreciadas e das pessoas não brancas com os defeitos.

Na verdade, como análises exatas demonstraram, os alunos preferidos apresentavam em certo grau as características boas e os alunos rejeitados as más características que lhes foram atribuídas. Muitos dos negros menos queridos eram realmente "maus", "briguentos", "descuidados" etc. Uma análise mais acurada da história de vida das crianças e do ambiente familiar resultou no círculo vicioso descrito acima:

> Quando comparamos as condições de moradia dos alunos brancos mais rejeitados com as dos negros mais rejeitados, con-

---

12. Virgínia Leone Bicudo, *Estudo das Atitudes dos Escolares em Relação à Cor dos Colegas*, quando da redação do presente trabalho ainda não publicado.

cluímos que nas casas dos últimos os choques causados pelo meio ambiente foram muito mais intensos, isso por causa de piores condições para o equilíbrio pessoal dos pais, resultantes de piores condições econômicas, sociais e culturais.

Uma das conclusões mais importantes da autora confirma a transferência social – e não hereditária – de geração para geração de muitas características discutíveis sob a pressão de circunstâncias desfavoráveis:

> Encontramos todas as crianças negras rejeitadas em circunstâncias que constituíam estímulos intensos e frequentes para o desenvolvimento de sentimentos de ódio e medo, relacionados à personalidade neurótica dos pais ou à situação de abandono causada pela orfandade ou ilegitimidade. O estudo da infância dos pais dessas crianças nos levaria à mesma conclusão, ou seja, a de que desenvolveram uma personalidade neurótica como consequência de acontecimentos desfavoráveis na infância. Veríamos claramente a neurose passada dos pais para os filhos através de mecanismos sociais.

Característico também é o caso de um garoto negro que nos dois primeiros anos foi um bom aluno, período em que os professores o tratavam bem. No terceiro ano, ele começou a ficar indisciplinado e suas notas pioraram muito

> porque a professora não gostava dele, castigava-o e gritava o tempo todo com ele. Já que o aluno se via rejeitado pela professora, seu desempenho piorou, sua posição como aluno modificou-se, o que por sua vez fez com que os outros alunos o rejeitassem[13].

Considerando-se o acima descrito, concluímos que o círculo começa a fazer efeito cedo e frequentemente determina a personalidade da pessoa de cor para o resto de sua vida, de tal forma que ele, por seu lado, transfere as consequências das rejeições, ofensas, medos e conflitos sofridos para seus filhos através do contato familiar.

13. *Idem.*

1.3. A Atitude das Pessoas de Cor

Após o acima exposto, cabe repetir que se trataria de um equívoco óptico causado pela abundância de material, se supuséssemos que existe um forte preconceito de cor no Brasil, sem falar no preconceito racial. O cientista encontra, na investigação microscópica dos fenômenos sociais, indícios de preconceito e apresenta o material de forma tão coesa que poderia criar uma falsa impressão. Em sua totalidade, o preconceito de cor não é uma manifestação cultural padronizada como na América do Norte; ele ocorre somente no nível individual e mais frequentemente com indivíduos que combatem o preconceito veementemente em uma outra parte "oficial" da consciência, o que faz com que raramente ocorram conflitos internos, já que o preconceito quase nunca surge como uma paixão forte, destinada a determinar toda a personalidade do discriminado. O preconceito é muito menor do que o existente na América do Norte, no que se refere à quantidade e à intensidade. As formas mais intensas de preconceito ocorrem geralmente com pessoas, em cujos ambientes familiares carecem de "segurança afetiva" e onde estas são obrigadas a lutar contra dificuldades pessoais. Um branco que reputava somente 15% dos negros "bons" e dizia que eles tinham "miolo mole" além de outros defeitos, era considerado na vizinhança uma "pessoa fracassada", de "miolo mole", já que era alcoólatra, não trabalhava e "fumava como uma chaminé". Uma mulher bastante agressiva dizia que os negros eram "briguentos". As pessoas que têm uma atitude desfavorável

em relação aos negros estão na verdade racionalizando seus sentimentos de inimizade [...], na medida em que utilizam estereótipos e dessa forma demonstram a necessidade que têm de justificar-se e livrar-se do sentimento de culpa que costuma acompanhar os sentimentos de inimizade ligados à discriminação[14].

14. *Idem.*

Tais estereótipos individuais, não importa o quanto já estejam disseminados ou à disposição na cultura, não se cristalizaram a ponto de tornar-se uma ideologia, e não se atrevem a tornar-se "uma consciência objetiva".

Mesmo assim, esse preconceito ameno basta para detonar o mecanismo mencionado, cujo funcionamento parece explicar plenamente a situação das pessoas de cor. A suavidade do preconceito, independentemente do quanto possa ser favorável à sociedade brasileira como um todo se comparada ao preconceito na América do Norte, não é necessariamente uma vantagem para a população de cor. A discrição do preconceito não estimula a solidariedade entre os negros e rouba seus melhores elementos pela retirada constante de mulatos e negros em ascensão que procuram identificar-se ao branco. Por isso, os grupos de pessoas de cor carecem de líderes significativos, que defendam uma elevação coletiva de seus companheiros de cor. Além disso, o negro que ascendeu à classe média em uma sociedade que não conhece uma separação de castas tem que competir com o branco por "um lugar ao sol" – e não com um outro negro, como na América do Norte (não levando em consideração a competição no nível de trabalho); nessa luta, o negro encontra-se obviamente em posição de desvantagem – luta com luvas mais pesadas do que as do adversário. Como dizem os brasileiros: ele tem que se comportar na luta pela vida como os primeiros jogadores de futebol na luta pela bola:

> Eles (os negros) tinham que jogar um futebol mais limpo, decente e tinham que respeitar os brancos. Quando o negro chutava o branco, o escândalo era certo [...]. Mesmo os outros negros – aqueles nas arquibancadas – que torciam para o clube maior (dos brancos) gritavam um ofensivo "negro sujo". Por isso, muitos negros no futebol se transformaram em damas. Quando tinham que tirar a bola de um branco, faziam-no com visível delicadeza. Ou simplesmente deixavam que o branco passasse[15].

15. Mário Filho, *O Negro no Foot-Ball Brasileiro*, Rio de Janeiro, Irmãos Pongetti, 1947, pp. 97 e s.

Deixar que os brancos avancem e ficar para trás parece já ter sido a experiência de muitos negros. Assim, não é de se admirar quando um mulato diz: "Acho que o melhor método para o progresso do negro é aquele dos Estados Unidos, ou seja, uma separação completa"[16]. O presidente de uma organização de negros acha que a luta "aberta" contra os negros, como ocorre nos Estados Unidos, é melhor do que o trabalho "disfarçado" que ocorre no Brasil. No Brasil, prevalece um "sentimentalismo desvantajoso que faz do negro um pobre-diabo, pronto para a caridade". "O negro deve sua interiorização à benevolência dos brancos de posição mais alta, que o auxiliam com pequenos donativos."[17] Aqui, cumpre citar também que no sul dos Estados Unidos as pessoas de cor, que atingiram as mais altas posições dentro da casta negra, trabalham para a manutenção da segregação porque sabem muito bem que devem seu *status* satisfatório a essa situação.

Essas, no entanto, são opiniões extremas, amargas, mas ainda assim sintomáticas do fato de que o preconceito, por mais ameno que seja, é sentido pelos negros como uma forma de desfavorecimento, principalmente em uma sociedade na qual a cortesia e cordialidade no trato são o padrão, e podem mesmo ser definidas como formas típicas da cultura.

Um levantamento[18] que analisou o comportamento de trinta pessoas de cor – negros e mulatos das classes "mais baixas" e da "classe média" – mostrou que a solidariedade entre os negros é bastante pequena. Em todas as camadas, o negro assume a imagem que a classe dominante fez dele – isso explica os complexos de inferioridade, o pouco amor-próprio ou desprezo por si próprio. Já que o esforço de ser "branco" é inglório para os negros de pele mais escura, mas o ideal de "claridade" já foi in-

---

16. Bicudo, "*Atitudes Raciais...*
17. *Idem.*
18. *Idem.*

trojetado, principalmente o negro retinto desenvolve um ódio por si mesmo que projeta nos outros negros. Nada é mais característico do que a expressão "negro sujo" que é utilizada pelos próprios negros. Comentários típicos de negros de classes "mais baixas" são: "todo (negro) quer ser melhor que o outro", "pior é o desprezo dos negros de melhor posição do que o dos brancos", "o negro não gosta do negro", "os negros são contra os negros", "eu me entendo melhor com meus vizinhos brancos". Por outro lado, a solidariedade latente no que se refere ao destino: "não vejo com bons olhos o casamento de negros com brancos, isso significa diminuir os negros".

Comentários como "Às vezes, o branco me trata melhor do que o negro" mostram que não se espera necessariamente ser bem-tratado pelo branco; ao mesmo tempo, o termo "ser tratado" trai uma falta de amor-próprio, bem como um "complexo patriarcal": o indivíduo que fala de si mesmo utilizando o termo "ser tratado" se vê como objeto e não como sujeito. Que o comportamento de menosprezo de um negro situado em melhor posição em relação ao negro de classe "inferior" seja experimentado de forma ainda mais sensível do que o de um branco mostra que o negro dá direito ao branco de fazê-lo e não a seus companheiros de raça, e que a ordem vigente como tal mais uma vez o reprimiu.

A atitude do negro da classe média é determinada em alto grau pela consciência da cor. Consequentemente, sua sensibilidade é mais desenvolvida. Existe nele um ressentimento enorme contra os brancos, muitas vezes acompanhado de uma atitude de desânimo intenso em vista da falta de solidariedade entre as pessoas de cor. Enquanto o negro de classe "mais baixa" está conformado no geral e manifesta sua "agressividade" mais em relação ao negro do que ao branco – esta é a razão da "acomodação" e da melhor convivência entre negros e brancos nas classes "mais baixas" –, o rancor e o sentimento de rebeldia dos negros de melhor posição não é inconsciente, mas apenas reprimido por medo de provocar reações mais intensas dos brancos de sua classe: "[...] Você reage contra os brancos, e depois? Como vamos sustentar nossos filhos?" "Daí o fato de o negro da classe média esconder seus sentimentos dos brancos por medida de segurança e desenvolver uma atitude de submissão, amabilidade e de bom humor" como forma de garantir a "boa vontade" do branco. A posição dividida do negro de classe média – que frequentemente foi educado pelo branco e tende a identificar-se com ele porque aprendeu a pensar e a sentir como ele – o faz experimentar todos os tipos de conflitos da marginalidade, da exclusão e da posição de um homem dividido entre dois mundos e que não pertence na verdade nem a um nem a outro. Ele é um estranho nesses dois mundos – o dos negros mais pobres e o dos brancos – e vive em conflitos internos que lhe marcam a personalidade. Obrigado a constantes manobras entre sentimentos conflitantes, revoltado e submisso, desconfiado e gentil, amargo e muito bem-humorado, frequentemente leva uma vida desgastante. "Enquanto os negros da classe 'mais baixa' vivem espalhados entre os brancos da mesma classe, os negros burgueses experimentam uma situação de isolamento."[19]

O conformismo, que por fim é experimentado também pelo negro de melhor posição, o "conformar-se" com sua situação no final, é estimulado pela atitude extremamente cheia de tato e discreta dos brancos. Face à sensibilidade dos negros, o branco também desenvolveu uma sensibilidade específica, e esse tato epidérmico espalhou-se em alto grau pela cultura de convivência da classe burguesa. O fato de se evitar palavras como "negro" e "mulato", bem como "preto" e "de cor", é característico.

---

19. *Idem.*

Em vez delas, prefere-se falar em moreno ou morena especialmente quando a pessoa está presente -um termo que se refere na verdade ao castanho, mas que se tornou uma palavra genérica que abrange todos os tons de pele, com variações como "bem moreno" ou "a-morenado" fornecendo uma definição mais exata. Tal situação trai o reconhecimento do preconceito e ao mesmo tempo uma forte censura. Se a palavra "negro" é sentida quase que como ofensa, no diminutivo é um apelido carinhoso. Negrinho, negrinha, nego, nega (sem r!), tais palavras são ditas por amantes, seja a cor deles preta ou branca; um fato que deixa entrever profundamente, também na história pregressa, as relações de servidão e submissão sexual e social, escravidão recíproca e carinho sadomasoquista; que talvez também revele a crença mista da superioridade sexual do negro resultante da consideração e desprezo. Essa atitude ambivalente do branco, bem como seu respeito pela sensibilidade do negro, facilita a repressão dos sentimentos de inimizade das pessoas de cor, "uma situação que explica a observação dos negros de que eles não teriam estímulo" de unir-se "já que não se sentiam instigados pelos brancos"[20].

É natural que a sensibilidade de cor dos mulatos seja especialmente intensa, como também a dos de "classes mais baixas". Não importa o que faça, ele sempre pensa em categorias de cor. Se uma mulata casa com um negro, ela o faz para não ser desprezada por um homem de cor mais clara; se um mulato casa com uma mulher de pele mais clara, isso acontece para escapar da esfera da "cor escura". A ambivalência dos híbridos, que frequentemente se encontram entre dois mundos sob o ponto de vista cultural e social e sempre sob o ponto de vista racial, espelha-se também na atitude ambivalente dos brancos, que ora o aceitam de todo o coração e ora o repelem delicadamente.

20. *Idem.*

Todas as características mencionadas atingem seu clímax no caso do mulato de classe média (sem falar no de classe mais alta). Sentimentos de inferioridade, vergonha pela origem e uma sensibilidade extrema em relação à cor caracterizam sua personalidade. No geral, ele evita a companhia de negros e mulatos e esforça-se por ligar-se aos brancos. O desejo de valer como branco, a ânsia de passar por branco podem atingir formas de obsessão. O problema de passar por branco, de ultrapassar a fronteira é diferente na América do Norte. Lá, aquele que parece ser branco tem de ultrapassar uma rigorosa fronteira de casta; aqui existe uma zona de transição ampla. A descoberta da árvore genealógica da pessoa pode ter consequências catastróficas nos Estados Unidos; aqui esse problema é relativamente sem importância e o que decide, no final, é uma visibilidade de cor não muito intensa ligada ao *status* de classe do branco. A transposição da zona limítrofe frequentemente tem a característica de uma simples progressão de classes, de ultrapassar classes e não de limites de castas. Muitas vezes, mesmo nos casos de uma visibilidade maior, os fatores decisivos são a posição social, capacidade profissional, a boa impressão causada, aparência geral, formação e inteligência. Se o mulato consegue se adaptar aos símbolos da cor branca, ele pode no geral pertencer a esse grupo sem que, no entanto, sua sensibilidade específica diminua. Essa situação esclarece a grande ambição intelectual, social e material de muitos mulatos e sua contribuição extraordinária para a literatura e arte brasileiras. Eles se sentem como alunos que podem ser aprovados se fizerem um esforço sobre-humano, enquanto inúmeros negros e mulatos das classes "mais baixas" são "expulsos" e se conformam, de forma indolente, ao destino ou procuram a fuga através da bebida, dança, canto, carnaval, caindo em uma lassidão moral por um pessimismo exacerbado. A aparência torna-se uma ideia fixa para os mulatos mais claros da classe média que se empenham em fazer parte do "círculo interno". Através das roupas e da conduta, tenta disfarçar os traços visíveis e alcançar um *status* melhor do que aquele que parece marcá-lo, de forma que ele frequentemente tem ambições desmedidas nos dois sentidos. Elegância meticulosa, sapatos brilhando (o escravo não usava sapatos), unhas feitas, perfume (o medo do cheiro frequentemente atribuído ao negro), brilhantina (o cabelo deve parecer liso) fazem parte de sua *toilette*. O "mulato pernóstico", que procura sempre fazer pose e pompa e utiliza uma linguagem rebuscada, é uma figura proverbial.

Entretanto, mesmo quando transpõe todos os limites, ele ainda tem como característica uma certa timidez, desconfiança exagerada, uma maciez e adaptação do comportamento do mulato maiores do que o desejável em uma sociedade urbana ("a maciez do mulato"), uma autocrítica irascível (vigilância temerosa do comportamento de outros negros que poderiam diminuí-lo aos olhos dos brancos), e, diferentemente do humor dos negros "melhores", uma ironia espirituosa, arma típica dos marginais. Todas essas características, consequência de sua situação singular, contribuem para que ele viva em relativo isolamento social.

Na regra, a pessoa de cor bem-sucedida economicamente casa com uma mulher mais clara, o negro casa com uma mulata, o mulato com uma morena e o moreno com uma branca. A mulher de cor, pelo contrário, já em posição mais fraca por sua condição de mulher, prefere casar com um homem mais escuro, que não poderá jogar-lhe na cara seu tom de pele e ao mesmo tempo lhe dará segurança financeira. Seu dote é a cor mais clara; o dele, a situação melhor.

Concluindo, podemos dizer que apesar das melhores condições existentes, se comparadas com as da América do Norte, para a ascensão dos mulatos, morenos e também de negros talentosos – a mobilidade e capacidade intelectuais dos marginais foi enfatizada por Stonequist[21] –, o círculo vicioso também atua exercendo grande pressão sobre a esfera psíquica. Em geral, o preconceito parece produzir uma mentalidade que dificulta a ascensão e cria a oportunidade para a perpetuação do preconceito.

Já que eles são considerados pelos brancos como inferiores, maus, beberrões, ladrões, supersticiosos, desmazelados e briguentos, e já que introjetaram essas características, as pessoas de cor começam a tratar os negros, ou seja a si mesmos, com desprezo e ódio – sentimentos que influem no equilíbrio da personalidade e levam a conflitos e à desorganização familiar. O negro vive o conflito de ser negro e não querer sê-lo – um conflito que tem o mesmo peso daquele de ser ou bom ou mau, já que ele introjetou as opiniões do branco; de forma que as pessoas de cor frequentemente experimentam esse conflito e mostram em um tipo de autoflagelação os traços que confirmam os estereótipos criados sobre eles[22].

Uma gravitação a que quase não se pode escapar, uma tendência de caráter social parece dirigir a vida da pessoa de cor desde a infância para caminhos específicos, marcados através de uma tradição assumida pelos próprios negros. Geração após geração segue o mesmo caminho, cuja direção parece corresponder tanto à sua inclinação natural que eles próprios se adaptam ao molde e em "sucessão mística" cumprem os papéis pobres de engraxates, trabalhadores portuários e pessoal de cozinha que parecem estar escritos em suas testas. Os que têm talentos especiais e que escapam desse destino, parecem constituir "desvios", e as biografias de grandes autores de cor, como Gonçalves Dias, Machado de Assis, Lima Barreto e muitos outros, mostram como sua ascensão foi acompanhada pelos mais intensos sacrifícios pessoais.

---

21. Everett Stonequist, *The Marginal Man*, New York, Scribnefs, 1937.
22. Vigínia Leone Bicudo, *Estudos das Atitudes dos Escolares em Relação à Cor dos Colegas*, op. cit.

Nada é mais característico para o grau no qual os papéis predeterminados são aceitos e reconhecidos do que a opinião de um negro, que acusa sua mulher de ter o defeito de obrigar as filhas a uma melhor formação: "Minhas filhas não deveriam ser nada além de costureiras, a profissão que elas têm não é para elas, porque o negro, inferior como é, deve ficar em seu lugar"[23]. E de acordo com a situação, parece que o pai tem razão em um certo sentido: a questão do casamento será de difícil solução para as filhas: elas não quererão casar com um "negro comum" e negros cultivados de classes superiores que visam ter filhos mais claros não quererão casar com elas. Provavelmente elas terão que pagar pela ambição da mãe, uma rebelião contra tradições centenárias, com sua própria infelicidade.

1.4. Resumo

O preconceito contra as pessoas de cor no Brasil é significativamente mais ameno do que nos Estados Unidos. Apesar disso, dificulta a ascensão da maioria das pessoas de cor, uma vez que elas em sua totalidade têm que competir com os brancos, enquanto nos Estados Unidos, pelo menos as camadas mais altas das pessoas de cor, não precisam submeter-se a essa concorrência, já que trabalham somente dentro da própria comunidade negra. Apesar da relativa dificuldade da ascensão das pessoas de cor, isso vem ocorrendo e, dessa forma, trata-se de uma ascensão dentro de uma sociedade que não conhece a separação de castas. O que chama a atenção é o avanço, principalmente das pessoas mais claras, bem como sua integração às classes mais altas, mesmo que isso se dê em meio a muitos conflitos. Esse progresso incessante, ligado à tendência de um clareamento lento

---

23. *Idem.*

da população de pele escura, resultante dos processos intensivos de miscigenação, leva a supor que o problema das pessoas de cor no Brasil, mesmo que em futuro distante, está perto de chegar a uma solução. De acordo com as palavras de um negro, isso ocorrerá quando eles tiverem oportunidade, em número bem maior do que hoje, de sentar-se na sala de estar do Brasil, em vez de como até agora "em sua cozinha". Ao contrário, o que se teme na América do Norte é uma perpetuação da tensão entre as raças.

O processo de ascensão do mulato dentro de uma sociedade que não conhece limites absolutos é facilitado em um certo grau pela grande mobilidade horizontal e vertical nela reinante. A mudança de cidade, bem como o anonimato das grandes cidades, encobre a descendência pobre e favorece a ascensão de classes que, por sua vez, encobre o tom da pele e facilita o clareamento biológico almejado pela ideologia de raça. A influência dessa ideologia, que combate estritamente o preconceito de raças e procura estimular a miscigenação biológica, não pode ser negada. Ela atua também sobre várias áreas da vida social, pública e econômica.

Uma parábola para a ascensão das pessoas de cor no Brasil é, como enfatizado por Gilberto Freyre[24], seu sucesso duramente batalhado no futebol, essa instituição nacional antes restrita aos brancos.

Como parábola, também podemos ressaltar a preferência do brasileiro pela morena – para a mulata, de quem o brasileiro se orgulha e a quem homenageia em verso e canto. Donald Pierson[25] salienta que a morena como tipo brasileiro ideal tornou-se símbolo de uma tendência que aprova a miscigenação e vê nela ao mesmo tempo o vínculo entre a população escura e clara. Mesmo

---

24. Introdução a Mário Filho, *op. cit.*, p. VI.
25. Donald Pierson, *op. cit.*, pp. 137 e ss.

que os traços africanos não possam ser muito evidentes e também se perceba nessa dedicação, talvez inconsciente, a dominação sexual do branco sobre a escrava de cor – até mesmo o estereótipo de que o amor da morena é mais "quente" do que o das brancas –, não podemos deixar de notar que o brasileiro se vê representado nesse tipo mestiço claro e também ama a si próprio nele, orgulhoso do grande experimento de uma tolerância de raças que, se não é absoluta, não encontra correspondência atualmente em nenhum lugar do mundo.

Tradução de Erika Elisabeth Patsch

2. MACUMBA

2.1. Esclarecimento Conceitual

A palavra "macumba" (originalmente "dança") se refere a uma série de costumes africanos que foram trazidos para o Brasil pelos negros e que ainda hoje são cultivados, de forma ora mais distante, ora mais próxima da original, por parcelas da população crioula. Em seu sentido mais amplo, designa um conjunto de diferentes atos que emanam de uma atitude mágico-mística: práticas de evocação dos tipos mais variados empregadas algumas vezes para a cura de doentes, outras para a conquista dos parceiros amorosos renitentes por meio de feitiços, ou também para o aniquilamento demoníaco do inimigo, cerimoniais de predição dos Babalaôs – videntes com poderes mágicos que, conforme o costume africano, sabem interpretar a disposição repleta de significados das sementes de palmeiras, nozes de cola e conchas de caracol que são lançadas para prever o acontecimento –, por fim o ritual e a liturgia de religiões praticadas em solo brasileiro e que são originalmente africanas, e, por alguns designadas como "fetichistas", tudo isso é chamado na linguagem popular de "macumba".

Entretanto, num sentido mais exato, se deveria falar somente de macumba, em se aludindo ao específico ritual de determinados grupos de negros do Rio de Janeiro e, em menor escala, de São Paulo, na medida em que se preservou um núcleo africano, apesar das influências espíritas, indígenas e católicas. O ritual de certas religiões africanas sobrevive na sua forma mais pura na Bahia. As festividades, nesse sentido mais autênticas, assim como os templos que as abrigam, se denominam em Salvador "candomblé" ("dança"). Rituais semelhantes, mais ou menos autênticos, são chamados em Recife de "Xangô" (o deus do trovão), em Porto Alegre de "batuque" (também dança) e no Maranhão de "Tambor de Mina" (uma tribo de negros).

Tratar-se-á a seguir meramente do ritual do candomblé e da religião que o fundamenta. A escolha do título "Macumba" se deveu ao fato de ser esta a denominação mais conhecida e abrangente, a qual compreende também, em sentido bastante genérico, o candomblé.

2.2. Origem e Autenticidade do Candomblé Baiano

Consideráveis dificuldades se antepõem às pesquisas comparativas sobre as exatas relações entre as religiões africanas primitivas e os elementos ainda subsistentes no Brasil. Isso porque a miscigenação das diferentes tribos nas fazendas do período colonial, mesmo prescindindo da influência recíproca já ocorrida na África, tornou de antemão impossível a relativa pureza de uma religião tribal. Essa mistura parece ter degradado o caráter, em parte totêmico, dos agrupamentos tribais, pelo qual a religião e o sistema social ficavam intimamente ligados.

Muitos outros fatores contribuíram para a confusão dos fatos e dos pesquisadores. Assim, às vezes existem consideráveis discrepâncias entre as diferentes "seitas" das comunidades religiosas congregadas em torno de cada templo sob a direção de um *Babalorixá* ou uma *Ialorixá* (alto sacerdote ou alta sacerdotisa do candomblé). Seria também grave erro aplicar, sem mais, as estruturas do pensamento ocidental à interpretação do mundo conceitual do candomblé, inculcando a lógica aristotélica nesse proteico mundo de pensamentos fortemente carregado de emoções e que possui suas próprias classificações e categorias.

Além do mais, seguiu-se a um sincretismo primário de religiões africanas divergentes e um sincretismo externo secundário, acima de tudo por causa da influência de concepções católicas, as quais, em virtude de pressões externas, se tornaram especialmente perceptíveis, ao lado de imaginários indígenas e espíritas. Isso levou a uma equiparação dos orixás africanos (deuses) com os santos católicos, mediante um curioso sistema de correspondências, de modo que, por exemplo, o deus da caça Oxóssi foi identificado com o São Jorge armado. Mesmo na linguagem comum, os "orixás" foram rebatizados como "santos", embora continuassem a existir como divindades africanas e forças naturais cósmicas.

Essa relação se manifesta exteriormente na decoração de alguns altares (peji) e locais de culto africano, onde se encontram combinados, numa crua mistura, tanto fetiches africanos como imagens católicas. As duas concepções já podem estar ligadas até no próprio nome de uma tal seita. Por exemplo, um terreiro de candomblé se chama Centro Cruz Santa do Axé de Okô Afanjá, o que poderia ser traduzido por: Centro da Cruz Santa do Templo do Deus do Trovão.

Entretanto é possível comprovar no Brasil as influências de duas linhas principais de religiões africanas: a dos negros bantos, que se originam das partes sul e leste da África (Angola, Congo e Moçambique); e as religiões dos negros provenientes de territórios africanos do oeste, especialmente da Nigéria, cuja influência aparece predominantemente no Nordeste brasileiro. Inúmeros elementos folclóricos provêm dos negros bantos, como, por exemplo, as festas de bumba-meu-boi (trata-se, pelo menos em parte, dos restos de um culto bovino); depois, lutas de capoeira e jogos de dança, o samba e as diferentes formas das cerimônias de macumba, como são celebradas especialmente no Rio de Janeiro.

Dos negros africanos do oeste, especialmente dos iorubas (nagô), os criadores de esculturas muito afamadas, que influenciaram fortemente a arte ocidental moderna e, em menor proporção, dos daomeanos (jejes), deriva o candomblé baiano, que é comparativamente, sem dúvida, a forma mais autêntica de exercício religioso africano em solo brasileiro.

2.3. *O Mundo das Divindades Afro-Baianas*

Apesar do mencionado definhamento da base totêmica, ou seja, da natureza dos clãs, no Brasil, e não obstante um certo empobrecimento da mitologia tão ricamente desenvolvida na África, as coincidências do panteão de deuses baianos e sudaneses são surpreendentes, ainda mais se se considera que o envio de novos escravos ao Brasil foi interrompido em torno de 1850. De fato, sempre existiu um ou outro peregrino negro, que visitava a antiga pátria, se abastecia na fonte com as tradições religiosas originais e, de regresso, exercia grande influência através dos conhecimentos mais exatos das doutrinas reverenciadas.

Assim há ampla igualdade na concepção e denominação de algumas divindades maiores como Orixalá (Obatalá), Ogum, Xangô, Iemanjá, Exu, cuja figura oscila tanto no Brasil como na África entre o divino e o diabólico com suas características de Pedro Malasartes. De fato, na África, cada clã deriva de um certo Orixá, o qual primeiramente é entendido como divindade ancestral, como homem divinizado, uma concepção que, por sua vez, incorpora certos tabus condicionados por exogamia. Também na Bahia, essa concepção dos Orixás tem certa importância, sem que, entretanto, os correspondentes tabus incestuosos pudessem manter-se numa estrutura social completamente diferente.

No entanto, o deus supremo Olorum, que muitas vezes é identificado com o céu, é praticamente desconhecido na Bahia; mas, já na África, ele levava mitologicamente uma vida puramente platônica. Seu caráter abstrato e distante do homem não podia proporcionar verdadeira satisfação aos iorubas. Conforme sua cosmovisão, eles no fundo estão ligados a uma atitude mágico--mitológica, para a qual nada surge na natureza apenas como coisa ou "isso" *[es]*, porém, para a qual tudo – montanha e pedra, rio e terra – está repleto de vida e se revela como um "tu". O ioruba, assim como seu descendente baiano, usa e desfruta os deuses, está em íntimo convívio com esses, sente-se constantemente cercado por eles e sabe como cada um domina uma certa esfera de atuação e que toda a sua vida é regida por eles. Não é de se admirar, portanto, que Olorum, o distante e transcendente, não exerça maior papel junto aos iorubas. Suas funções foram, no essencial, usurpadas por Orixalá.

Como capítulo extremamente obscuro, cumpre assinalar a relação entre os Orixás e as almas dos falecidos. Os Orixás são princípios cósmicos e ao mesmo tempo espíritos ancestrais. Os relatos mitológicos referem-se a devorar criaturas humanas, reis, rainhas, patriarcas tribais, os quais, após sua morte, se transformaram em Orixás. Entretanto, pelo menos com respeito aos nagôs e aos jejes na Bahia, há uma decidida oposição entre os Orixás e as almas dos falecidos, segundo as pesquisas de Protasius Frikel[1]. Aqueles são princípios puramente espirituais e só podem encarnar-se por mediação dos homens. Estes são, de forma sutil, materiais e por isso podem surgir autonomamente como fantasmas e assombrações. Trata-se provavelmente de uma gradação hierárquica do mundo dos espíritos, em cujo âmbito os Orixás assumem uma posição superior. É certo que os candomblés tradicionais da Bahia são rigorosamente interditados aos espíritos dos falecidos, servindo exclusivamente à comunicação com os deuses. Para influenciar as almas dos mortos, celebram-se cerimônias especiais, festas fúnebres, durante as quais os espíritos dos falecidos são despedidos (invocados). Entretanto, cabe notar que os "candomblés de caboclo", seitas influenciadas por ideias indígenas e do espiritismo europeu, assim como as macumbas do Rio de Janeiro, são visitados pelas almas de falecidos.

A fim de que as almas dos mortos nos candomblés tradicionais não provoquem confusão, é-lhes oferecido no início da festa uma pequena oferenda alimentícia acompanhada pela saudação: "Alma do outro mundo! Eu te saúdo, ó alma!" Assim ela se afasta e faz com que também outras almas de mortos evitem a festa[2].

Na Bahia a divindade mais venerada é *Obatalá* (Orixalá, também Oxalá), que é tido como pai de todos os deuses. Muitas vezes ele é assimilado a Jesus e também ao Espírito Santo. Sua vestimenta é branca e prateada, pois a cada divindade cabe uma cor. O fetiche, no qual ele tem sua sede, de acordo com um determinado ritual

---

1. Protasius Frikel, "Dic Zlenlehre der Gêge e Nagô"; em *Santo Antônio*, XVIII-XIX, 1940-1941.
2. *Idem*.

mágico executado pelo Babalorixá ou pela Ialorixá, e no qual foi igualmente confinado e ao qual transfere sua força cósmica, é uma fivela de chumbo além de conchas de caracol; seu emblema, um bastão de pastoreio provido de sininhos; sua oferenda alimentícia, principalmente cabra, pombo e milho. Oxalá pode aparecer como ancião e como jovem.

Xangô é o deus do trovão, personificando o mau tempo e a tempestade. Suas cores são branco e vermelho, seu fetiche, um meteorito ou belerunita; seu emblema, uma machadinha de dois lados que costuma ser entendida como um símbolo fálico. Seus alimentos são: galo, tartaruga, bode, caruru (um prato afro-baiano). Frequentemente Xangô é identificado com São Jerônimo; às vezes, apesar do sexo masculino, também com Santa Bárbara; e, amiúde, também com São Pedro.

Ogum é o deus da guerra e do ferro; seu fetiche é um molho de pequenos instrumentos, como picareta, enxada, foice, machado etc. Ogum é assimilado a Santo Antônio, que na Bahia é cultuado como protetor dos exércitos. Seu emblema é uma espada.

Omulu é o deus da catapora e também de todas as doenças. Seu fetiche é a fibra de praçava áspera e marrom; seu emblema, uma lança; os alimentos: galo, bode etc.

Iemanjá é a deusa do mar, rainha do oceano, mãe dos lagos. Na Bahia, é venerada não somente pelos negros e mulatos, mas de forma geral pelos pescadores. A ela é dedicado um culto especial também fora do candomblé. Cada ano, grandes procissões se dirigem para o mar, encabeçadas pelos estandartes brancos de Iemanjá e pelos Babalorixás e Ialorixás, trajados de branco, de diferentes seitas. As mulheres levam na cabeça faixas ou cestas enfeitadas com flores e caixinhas, as quais contêm os presentes simples e enternecedores para a mãe – d'água – leques, latinhas de pó-de-arroz, sabonetes, perfume barato, pentes e comida baiana, porque a rainha adora embelezar-se e comer bem. Comumente os pescadores com seus saveiros velejam ao largo e jogam as oferendas para a deusa. Caso elas imerjam, acredita-se que foram aceitas como mercê. Numa cesta foi encontrada, ao lado de milho cozido e um frasquinho de perfume, a seguinte mensagem:

> Minha Santa Janaína [um outro nome da deusa]! Com a foiça e a onipotência que você dispõe nas ondas, faça com que aquela mulatinha de cabelo esticado deixe em paz meu tesouro. Mande-o de volta para mim. Vivíamos juntos tão bem. Assim como você tem força para apaziguar as ondas, assim toque seu coração, para que meu amado volte para mim. Muito grata. Tenha piedade de mim, é o que espero. Sua fiel Zélia.

Outras divindades d'água são *Iansã* e *Oxum*, esta última, uma afrodite africana, muito vaidosa, coquete e infantil. Finalmente *Exu* – para apontar apenas as entidades mais significativas – é muitas vezes identificado com o demônio (aliás, também na África, pela influência de missionários, como Frobenius[3] menciona, mas, na verdade, é uma figura de mensageiro, um intermediário que serve aos deuses e também aos homens, quando estes sabem manter boas relações com ele). Trata-se do único Orixá que muitas vezes é representado como ídolo, sob a forma de uma figurinha preta de ferro, a qual, com seus chifres e seu heptadente, parece efetivamente demoníaca, sobretudo quando aparece com uma cauda também. Os demais deuses só são representados por seus fetiches ou melhor dizendo: eles foram neles confinados por meio de ritos e abluções mágicas. As esculturas referentes aos outros Orixás representam não somente a eles, como também aos sacerdotes e fiéis possuídos pelos deuses, os quais trazem as insígnias das divindades correspondentes.

---

3. Leo Frobenius, *Und Afrika Sprach*, Berlim, 1912.

2.4. Os Locais de Culto e a Hierarquia

A palavra "candomblé" não somente designa o ritual dos negros dá Bahia, mas também seus locais de culto. Estes muitas vezes também são chamados "terreiros". Trata-se, em geral, de miseráveis barracões de barro, situados nos bairros periféricos da cidade. O piso do templo é comumente feito de barro socado, porque as dançarinas possuídas pelos Orixás devem tocar o chão descoberto com os pés desnudos. Numa extremidade do templo, estende-se o espaço de festividades propriamente dito, um salão em geral retangular, com cerca de 12 × 12 metros. A sala é enfeitada com cortinas e muitas vezes com guirlandas de papel colorido, estandartes e bandeirolas. Numa das laterais mais estreitas, há poltronas para os visitantes especialmente apreciados, enquanto, no demais, bancos e cadeiras preenchem alas e cantos. Uma área especial, em geral cercada por cancelas, é reservada aos "atabaques", os tambores consagrados. Num dos lados, encontra-se sempre um altar católico, sobre o qual são dispostos quadros e imagens de alguns santos estritamente ligados ao candomblé. Perto do meio do salão, eleva-se uma coluna sobre uma base, o "poste central", que não tem qualquer função construtiva e muitas vezes não chega a alcançar o teto. Parece bem mais um símbolo cósmico-fálico, como que a unir o céu e a terra e configurar, assim, o casamento mítico entre o Orixalá fecundante (céu) e a receptiva Odudua (terra). O círculo das dançarinas se movimenta sempre em torno desse poste, no sentido anti-horário. A comunidade se distribui pelo recinto, no que se costuma manter rigorosa separação dos sexos. Além do barracão, encontra-se em geral no terreiro um largo corredor para o qual se abrem as portas de muitos compartimentos: alguns abrigam os altares ou "assentos" de alguns Orixás e outros servem de quartos de estar ou dormir das pessoas encarregadas do culto. Um espaço importante é a "camarinha", onde as noviças (*iaôs* = esposas) passam seu tempo de iniciação. Também não faltam refeitório e cozinha, sendo esta última um componente importante do terreiro, já que é frequente a oferenda de pratos cozidos às divindades. Próximo ao prédio principal, depara-se com algumas árvores sagradas, como por exemplo a gameleira e também, em geral, com alguns barracos, onde se acham os assentos de Orixás que não habitam o próprio templo. A cabana de Exu permanece sempre cuidadosamente trancada com um cadeado. Oxum reside na proximidade da fonte que abastece o templo com água. No que se refere a Oxóssi, o deus da caça, ele se sente melhor nas profundezas da floresta, onde leva uma vida reservada. As Filhas-de-Santo (as santas dançarinas) visitam amiúde o candomblé para levar alimentos de oblação a seus Orixás pessoais. Algumas possuem casebres nas redondezas e moram lá na época das grandes festividades, e outras, muito velhas ou doentes para exercer um ofício, lá encontram um abrigo.

A organização do culto é complexa. No topo de cada candomblé, completamente autônomo em si, fica o Pai-de--Santo ("santo pai", já que o Orixá não pode ter pai humano – o termo africano é Babalorixá) ou a Mãe-de-Santo (Ialorixá), que conduzem sua "seita" com grande rigor e absoluto poder. De suas funções faz parte a preparação mágica dos fetiches e a concessão de bênçãos rituais às Iaôs. À mãe ou ao pai, segue-se a Mãe-Pequena (Iá-Quererê), representante e, em geral, sucessora da autoridade máxima. Grande importância hierárquica também tem o Pejigã (senhor do altar) e a Ialaxê, guardiã do Axê, os objetos mágicos que são adicionados às pilastras fundamentais do terreiro. Um pouco inferior é o grau do Axogum, o sacerdote do sacrifício, o qual, antes do início das grandes cerimônias religiosas, realiza, diante dos altares dos Orixás, os sacrifícios de animais – gaios, cabras, ovelhas, pombos – cujo sangue deve ser borrifado sobre os fetiches.

O Axogum é geralmente um destacado ogã, um título que cabe aos protetores do candomblé. Sua função é mais civil do que religiosa: graças aos seus relacionamentos pessoais, tais protetores conferem prestígio à seita no mundo profano, evitam por sua intervenção perseguições policiais, que às vezes ameaçam a existência do candomblé e costumam também adquirir merecimentos por meio de dádivas financeiras.

Entretanto, o fundamento humano e religioso do candomblé são as Filhas-de-Santo – denominadas Ebomim, quando já receberam sua consagração há sete anos, e chamadas Iaôs, quando, em rigoroso retiro e sob o jugo de pesados tabus, se submetem aos ritos de iniciação. Do ponto de vista de sua posição hierárquica, situam-se quase na base da pirâmide. Na realidade, o candomblé constitui de fato seu lar. São elas que o mantêm religiosa e economicamente.

Cada Filha deve pagar, com seu dinheiro, as ricas vestimentas de seu Orixá pessoal, assim como os alimentos sagrados que lhe são oferendados nos dias a ele consagrados. Delas depende o brilho exterior do candomblé. Apresentar-se com belos ornamentos, enfeitar o salão, limpar a casa, é seu dever [...][4].

De suas fileiras surge em geral a Mãe-Pequena e, com isso, também a ulterior líder irrestrita do candomblé.

Como é que uma negra ou mulata da Bahia torna-se Filha-de-Santo? Em geral, pertence à determinada camada social, em que o elemento escuro em Salvador é predominante: à classe das mulheres que fazem trabalhos em casa, costureiras, empregadas domésticas e lavadeiras; comumente também a tradicional condição das "baianas típicas", as quais, ataviadas com os famosos balangandãs, com pitorescos trajes multicores, oferecem à venda, na rua, pratos afro-baianos como caruru, vatapá, aberém etc.

4. Edison Carneiro, *Candomblés da Bahia*, Bahia, 1948, pp. 95 e ss.

Essas camadas muito pobres, comumente miseráveis, vivem em uma certa esfera psíquica de cunho fortemente africano e são moldadas por uma "configuração" (*Gestalt*) cultural, cujas representações coletivas revelam uma coloração fortemente mágica. Seu pensamento corre pelas vias das analogias, equivalências, das correspondências misteriosas e da participação mística; as classificações, por mais que correspondam a uma lógica clara, encontram-se em um nível diferente do ocidental. A parte vale pelo todo – um cabelo ou uma unha, pelo homem inteiro –, o simples contato produz milagres, e a "onipotência do pensamento", no sentido de Freud, basta para transformar o desejo em realidade, para confinar e conjurar espíritos e fluidos; para concentrar a força multiforme, o "mana", a energia cósmica que desprende poderes mágicos, como os raios solares passam por uma lupa, de modo que, canalizada para dentro do fetiche, fique a serviço do homem, como o gênio da garrafa.

Muitas vezes, a jovem baiana de origem africana herda seu Orixá pessoal – seu espírito protetor – do pai ou da mãe. Ela deve então submeter-se aos rituais, a fim de poder dedicar-se de verdade ao deus; se não o fizer, isso poderá trazer-lhe graves danos. Eventualmente, ela sonha com o Orixá a que está destinada. Ou então sonha com coisas estranhas, e o Babalaô, o vidente, ou o Pai-de-Santo interpretam, com a ajuda do Ifá, o oráculo de nozes de palmeira ou de coquinhos, o sentido de seu sonho: "É Xangô que te escolheu para sua montaria!" Assim, ela terá de ser dócil ao deus, por toda a vida. Mais raramente pode acontecer que a moça, ainda não consagrada, seja possuída de repente pelo Orixá que a escolheu, caindo em transe místico – por exemplo, durante uma cerimônia fúnebre, quando o deus se desprende do falecido e busca nova "montaria". O Orixá que assim acomete a jovem não virtualmente preparada chama-se "santo bruto" – ele é um santo selvagem. Esse ente descontrolado precisa ser afastado incontinente da sua vítima, mediante um ritual exorcístico especial; cumpre mandá-lo embora ("despachar o santo").

Todas essas moças, mulheres e, às vezes, também rapazes devem submeter-se ao ritual da iniciação. Permanecem vários meses em rigorosa clausura e, em alguns candomblés particularmente tradicionais, até por um ano. Qualquer relação sexual é tabu. Estudam cânticos e danças litúrgicas, tomam banhos sacramentais de purificação, especialmente preparados com extratos de ervas secretas, que também devem ser bebidos e os quais, segundo consta, produzem forte efeito embriagador, pela adição de maconha. Os banhos rituais amolecem e abrem o corpo para o recebimento do Santo. Na camarinha, permanecem por muitas semanas na atmosfera de vapores estonteantes, deitados sobre esteiras e submetidos à severa disciplina do Pai ou da Mãe, cujo possante e sugestivo poder os transforma em objetos inermes de suas conjurações. Mas, acima de tudo, são "abertos" à divindade, pela raspagem de quaisquer pelos e cabelos, em especial os da cabeça, pois é por seu intermédio que o Orixá penetra no corpo da Iaô. Uma incisão especial no crânio nu também é feita para facilitar a entrada do deus. Estando o corpo assim aberto aos Santos, ele terá de ser novamente fechado, a fim de que somente o Orixá correspondente possa possuí-lo: sobre o crânio, e com giz de diferentes cores, inscreve-se o sinal característico do Orixá correspondente, de modo a ficar vedado o acesso aos demais Santos. Além disso, sacrificam-se animais, cujo sangue deve ser borrifado na cabeça da Iaô e que também lhe é oferecido para beber[5].

---

5. H. G. Clouzot, *Le Cheval des Dieux*, Paris, 1951. O conhecido diretor de cinema, Clouzot, é um amador no campo da etnologia. Não obstante, em parte, ele descreveu corretamente alguns aspectos pouco conhecidos e secretos do candomblé. De outro lado, deve-se fazer o desconto de apreciações pejorativas e alguns enganos grosseiros.

Após as Filhas, seguem na hierarquia as Equedes. Elas desempenham funções subalternas, fazem a conservação dos ornamentos das Filhas, trocam a água potável dos Orixás e açodem as dançarinas, quando elas são possuídas pelo deus. No âmbito do candomblé, naturalmente ainda vivem muitos outros fiéis, uma comunidade considerável de seguidores. Cada membro da "confraria" deve dirigir-se à Mãe, para que lhe infunda nova força no seu colar de contas pessoal, seu rosário, através do ritual de lavagem, periodicamente renovado. Seria errôneo admitir que se trata, no caso, de amuletos comuns para qualquer pessoa. Ao contrário, sua eficácia se restringe inteiramente ao dono, uma vez que a corrente de força só é eficaz dentro do rigoroso círculo de correspondências misteriosas, as quais – graças às cores específicas das contas, ao banho preparado especialmente conforme o espírito protetor individual (Orixá), graças também à simultânea borrifação do fetiche acessório – estabelecem o contato místico com o proprietário do colar, cuja cabeça é igualmente submetida à lavagem com o mesmo líquido.

2.5. A Festa

O ponto alto na vida de um candomblé é a celebração solene e animada das grandes cerimônias festivas. Centenas de fiéis reúnem-se no estreito barracão do terreiro, enquanto bandos de retardatários sitiam as portas e janelas abertas. O ritual destina-se à comunicação com os deuses. Atraídos pelo chamado retumbante e irresistível de atabaques ritmicamente percutidos, pelo som estridentes do agogô e do adjá e pelo chocalhar da cabaça, os deuses levitam, descendo das alturas cósmicas, e se misturam ao mundo dos humanos. O agogô é um instrumento composto de dois sininhos de tamanhos diferentes, que são percutidos por meio de uma vareta metálica; o adjá é um sininho preso a um bastão, que é sacudido pela Mãe (ou pelo Pai); a cabaça é uma abóbora oca, circundada por cordões de contas e cheia de sementes, que na mão ritmicamente agitada do músico produz um ruído intensamente crepitante. Enfim, o atabaque é uma forma do tambor telegráfico africano, um instrumento sagrado, consagrado por um sacrifício sangrento. Tem a forma de barril e algumas vezes é tão alto que o baterista precisa subir numa escada a fim de percutir-lhe a pele. Em três tamanhos, o rum, o rumpi e o lé, é percutido magistralmente com as mãos, nos candomblés de caboclo e com varetas no nagô. Sua percussão surda e monótona, vinda de bairros periféricos através da noite tropical, paira sobre a Bahia como uma pesada nuvem.

Mesmo assim, trata-se de uma festa alegre, que se desenrola sob o signo da dança e do canto. "Quem conhece o poder da dança, habita em Deus", disse o poeta persa Rumi. O "obscuro déspota do eu" morre para que o deus possa nascer. Possuída pelo espírito, inspirada e dominada pelo entusiasmo, a dançarina está no deus ou ele está nela – "ela cai no Santo". Também a mística europeia conhece esse êxtase. O estado das Filhas em transe, da alienação sagrada, é semelhante ao das Mênades, que clamam por Dioniso.

As grandes cerimônias realizam-se em geral no mês de setembro. Mas também no restante do ano há motivo suficiente para fazer percutir o atabaque. A festividade principia sempre com o Despacho do Exu e as já citadas admoestações amistosas às almas dos falecidos, para não se intrometerem nas cerimônias. O Despacho de Exu, aquele semideus controvertido, disposto a cometer loucas travessuras, é uma oblação alimentar especial destinada não propriamente a despachar o "Senhor dos Caminhos" e demoníaco mediador entre deuses e homens, mas sim de delegá-lo junto aos Orixás para que intervenha com uma boa palavra em favor de um digno desenrolar da festa. Se o sacrifício fosse esquecido, tudo estaria em perigo de desordenar-se e perder-se, pois com suas perfídias e cabriolas esse ente inquietante poderia perturbar a celebração de forma atroz.

As Filhas formam um círculo em torno do poste central. Os atabaques são percutidos e as Iaôs e Ebomins – raramente se vê um Filho, alguém do sexo masculino que desempenha essa função nos candomblés tradicionais – iniciam um cântico em honra a Exu:

> Exu aza rei
> Exu aza rei que rei
> Tirili!
> Exu tirili para bebê
> Tirili lonam

Um dos Ebomins mais velhos dança em volta do santo manjar de oblação – óleo de palma, água ou aguardente, farinha de mandioca torrada –, retira um pouco de alimento e bebida dos vasilhames, vertendo, em seguida, de cada recipiente uma pequena porção ao vento, em frente ao templo, para que "o homem da rua", Exu, possa saciar-se.

Agora pode começar a festa propriamente dita. Entoam-se cânticos a todos os Orixás, sob a direção da Mãe ou do Pai, os quais, às vezes, estão sentados no meio da roda de dança e, outras vezes, junto aos músicos. A Mãe sacode o penetrante adjá, os presentes acompanham a cadência batendo palmas e os atabaqueiros desandam no batuque. A cada Orixá, cabem três cânticos especiais, e as diferentes danças também possuem coreografia característica, movimentos corporais próprios, gestos e colocação de braços específicos, para cada Orixá. Cantando, as Filhas ora dançam com as mãos cruzadas sobre as costas, ginga o corpo, com passos alternados em redor do poste, ora dobrando para fora os braços em ângulos obtusos ou agudos, girando a cintura e os ombros em requebrados movimentos de "vaivém", executam pequenos círculos com as palmas das mãos voltadas para cima ou para baixo, conforme exija o ritual do deus. Os gestos são solenes, a atitude plena de dignidade, como convém a uma cerimônia religiosa.

O atabaque grande e surdo, seguido dos menores, mais claros, acelera um pouco a cadência do tempo, o agogô e a cabaça tilintam e crepitam de permeio, o cântico esganiçado das altas, estridentes, arrastadas e algo gritantes vozes femininas na escala dos sete tons é monótono; o compasso muda as vezes inesperadamente de quatro quartos para dois quartos ou três quartos, síncopes repentinas rompem a ordem. Cerca de 250 espectadores apertam-se num espaço muito exíguo, batendo palmas e socando o chão com os pés. O calor no barracão é sufocante, o cheiro de suor enche o recinto e a tensão cresce sensivelmente.

>   Okum-kum biri-bjri
>   Ajá lê morí ô korin-kam
>
>   ("Mesmo no escuro eu vejo,
>   quão poderoso és!")

De súbito altera-se o rosto de uma dançarina. Torna-se inexpressivo, os olhos se fecham e os músculos dos ombros e da nuca começam a tremer espasmodicamente. A cabeça despenca para trás sem sustentação, pende da nuca e cai sobre o peito. Seus joelhos tremem, ela cambaleia e cairia por terra, se duas Filhas seguintes no círculo não a amparassem. Seu deus tomou posse dela.

Uma nova dança de evocação, introduzida pelo som do adjá, principia em ritmo acelerado. As dançarinas batem palmas, inclinam as cabeças, dobram os joelhos, tocam com a direita o solo barrento e tornam a levantar-se. Em frente ao terreiro, rojões sibilam e espoucam. Trazem flocos brancos de pipoca, e juntamente com confetes e flores, são espalhados sobre as dançarinas, que incansavelmente continuam a rodopiar cada vez mais depressa. Agora elas se movimentam quase aos tropeços, arrastando os pés e uma das moças atira-se ao chão e, apoiada nos artelhos e nas pontas dos dedos, cumprimenta os atabaqueiros; depois todos oscilam os braços, com o indicador da mão direita apertado contra o polegar da esquerda. Uma das Filhas, dominada por seu Orixá, fecha os olhos e incorre em intensas convulsões. O momento do *tremendum* em embate com o numinoso, de que fala Rudolf Otto, encontra aqui sua expressão mais crassa. Paralisada pelo temor do deus, a Filha cai e, com espuma nos lábios, agita-se para cá e para lá em tremor espasmódico. Seus dentes rangem e os nervos do rosto banhado em suor estão tesos a ponto de arrebentar. Uma equede se aproxima e com uma alva toalha toca-lhe o pescoço e a testa. Ajuda-a a levantar-se e alisa-lhe o vestido.

Por fim a dança tomou formas delirantes, sem, no entanto, ficar incontrolável. A massa está como que tomada de frenesi. Embriagados pela monotonia hipnótica dos atabaques, atordoados pelas lantejoulas multicores do acelerado rodopiar até o paroxismo, quase anestesiados pelo pesado mormaço da noite baiana, todos se sentem fundidos numa unidade entusiástica. Entre os presentes, encontram-se também Filhas de outros candomblés, que temem cair em transe em ambiente estranho, quando soam os toques dedicados a seus Orixás. Pedem água, a qual, bebida por elas, impede que caiam na divindade. A Mãe levanta-se, porque o adarrum, um ritmo furioso em "fortíssimo", adequado para atrair com força irresistível deuses vacilantes, teve por consequência outras irrupções extáticas. Ela coloca a mão sobre a nuca trêmula das Filhas, para acalmar o deus.

As possuídas são o foco central da festa. Elas tomam nos braços crianças enfermas, atiram-nas para o alto, sopram em seus ventres e ouvidos e, em gestos de cura magnética, sobrepassam os membros de fiéis sofredores.

Finalmente a Mãe levanta a mão. As extasiadas são levadas para a camarinha, onde as equedes vestem-lhes os paramentos, o ornato sagrado da divindade. As que estão possuídas por Xangô – porque o deus é múltiplo – aparecem em vestimenta branca e vermelha, com colares de contas rubro-brancas e de conchas, com a machadinha na mão: mas não são as Filhas que adentram no barracão, porém o próprio deus em pessoa. Oxalá aparece todo de branco e prata, apoiado no cajado de pastor tilintante; Oxóssi penetra no salão, trajado de verde e amarelo, com a borda da capa debruada com ramos verdes, uma bolsa de caça no lado do corpo, arco e flecha na mão. Omolu, o deus da catapora, apresenta-se em preto e vermelho, com as longas calças estreitas, sobressaindo-se sob a casaca; a cabeça e o semblante estão escondidos por um grande capuz de palha, cujas franjas lhe caem até a cintura. Nas mãos, segura um feixe de palha preso por um colar de conchas de caracol. Também aparece Oxum, a ninfa da água doce, adornada de contas azuis e amarelas, de travessas e braceletes, anéis e colares, trazendo na mão um leque de latão enfeitado com uma estrela. Porém Ogum, em vestimenta colorida, segura a espada flamejante.

Os deuses caminham com dignidade, muitos dos presentes se ajoelham, beijam-lhes a mão e pedem a bênção. Os Orixás, por seu turno, se inclinam, à maneira ioruba, diante dos atabaques sagrados e da Mãe; estiram-se sobre o chão e tocam-no com a testa; também abraçam duas vezes os amigos, encostando a têmpora uma vez à esquerda e outra à direita do outro. Cada deus é honrado com os cânticos e ritmos que lhe competem e executa sua dança com gestos altivos, conforme a mitologia. Pois quer a dança ritual descreva uma história divina, a representação dramática do acontecimento épico, que transcorreu em épocas primeiras e agora se torna o presente solene; quer o conto mítico nada mais seja do que uma interpretação posterior da explosão de sentimentos, a descarga motriz, a qual domada e enformada pela sociedade tornou-se expressão simbólica; seja como for, mito e ritual se implicam mutuamente e um está intimamente entrelaçado com o outro.

Assim dança Ogum girando a espada; Oxóssi retesa o arco com a flecha, Oxalá, o Velho, cambaleia arrastando por aí seu pé, com as costas curvadas, e Omolu, o encoberto, se contorce em dores, enquanto Oxum agita o abano, serpenteia os braços lascivamente e, com a cabeça sedutoramente reclinada para trás e a boca semiaberta, rebola as ancas voluptuosas.

No entanto, não se trata propriamente de uma representação simbólica. Bem mais, a festa é ao mesmo tempo a origem; ela não é apenas a celebração do acontecer divino, mas é simultaneamente o próprio acontecer. O símbolo e o simbolizado constituem uma unidade. Os deuses evocados magicamente pela percussão dos atabaques estão presentes e de novo se desenrola a primeva história das divindades na sagrada presença da cerimônia.

2.6. A Função do Candomblé

Em muitos casos não é possível duvidar da veracidade do êxtase do qual as Filhas, após o despertar, perderam a lembrança. Não seriam necessárias aquelas comprovações – talvez a imersão da mão em óleo fervente -as quais seriam realizadas em algumas macumbas dos bantos. Atualmente domina a opinião de que, nos êxtases, não se trata de manifestações doentias, como "uma espécie de transe de caráter histeróide", como Arthur Ramos ainda admitia[6], mas sim de reflexos relativamente normais, culturalmente condicionados, situações produzidas pelo peculiar clima psíquico do grupo, de que participam o preparo específico da iniciação e a potente contaminação de uma massa inebriada pela música e

---

6. Arthur Ramos, *A Aculturação Negra no Brasil*, São Paulo, 1942, p. 150.

pela dança. Quão decisiva é a causação cultural nessas manifestações muito difundidas em todos os tempos, com frequência também na Europa, isso é aclarado por múltiplos fatos. Por exemplo, as possuídas, nos candomblés nagôs, dançam com os olhos fechados e nos candomblés de caboclo, com eles bem abertos; em cada cultura são outros os instrumentos e ritmos que provocam o êxtase. Mesmo os instrumentos e cânticos adequados não desencadeiam uma crise na Bahia, quando a oportunidade é profana e os atabaques percutidos não são consagrados. O êxtase sempre se adapta a um padrão estabelecido pela sociedade. Enquanto no Haiti, uma Filha em luto nunca se torna montaria, o mesmo resultado negativo dá-se com as baianas, por ocasião da Quaresma, de modo que então até os casos espontâneos do "santo bruto" nunca se apresentam. Outrossim no culto dos mortos, que termina de forma semelhante à de uma cerimônia do candomblé, jamais baixa um Orixá, como também os deuses costumam permanecer afastados quando se inicia um período de perseguições policiais. A festa jamais degenera em descontrole completo. A crise mística ocorre no quadro de uma determinada disciplina da sociedade e constitui o clímax de um ritual que de fato solicita e promove essa crise. Ademais, a vida de um candomblé não se limita às festas. Atrás de tudo há um *ethos* peculiar. Quanto mais íntima a ligação do fiel com o candomblé – um relacionamento cujo grau íntimo é adquirido pela lavagem de contas – tanto maior a responsabilidade que ele assume, os tabus e abstenções que deve se impor, os compromissos devidos aos deuses. A elevação e o fortalecimento do ser, pela maior proximidade divina, são pagos cada vez por sacrifícios mais severos da comodidade e da leveza descontraída da vida. Os mais potentes têm a existência mais dura[7].

---

7. Roger Bastide, "Cavalos dos Santos", em *Estudos Afro-Brasileiros*, São Paulo, boletim da Faculdade de Filosofia, Ciências e Letras da Universidade de São Paulo, nº 154, 1953.

A função do êxtase é a da completa transformação da pessoa[8]. Pobres lavadeiras, faxineiras encardidas, domésticas que devem obedecer toda a sua vida tornam-se deuses que, magnificamente trajados, provocam a veneração da multidão piedosa. Como o temido Ogum, enquanto rainha dos mares, ou a sedutora Oxum, desvelam seu eu mais íntimo, ao qual a vida não concede uma realização.

[...] as religiões afro-brasileiras oferecem aos negros um completo enxoval de pessoas (no sentido de máscara) [...], por cujo intermédio o negro pode obter uma compensação pelo papel menos agradável que a sociedade organizada e dirigida pelo branco [...] lhe impôs [...] Na dança extática, o negro abandona seu *self* proletário, seu eu social, para, em obediência ao apelo desesperado dos tambores, transmutar-se no deus do trovão ou na senhora do mar[9].

A arte do Babalaô (recentemente, em grau cada vez maior, do Pai ou da Mãe) é o de descobrir o papel místico-tradicional para cada fiel, que corresponda ao seu desejo mais íntimo, ao seu eu mais profundo.

Da transformação participam todos os presentes, toda a comunidade. Porque o ritual desconhece uma separação entre palco e plateia; todos se intrometem na comemoração que evoca o passado africano e coparticipam de um ato passional que, por meio do ritual, se converte em uma obra que perdura.

Assim o candomblé se mantém como um poder, através do qual a tradição de largos círculos de negros baianos é mantida e protegida contra uma dissolução abrupta e prematura. Ao mesmo tempo, proporciona ao negro uma cosmovisão fechada, na qual ele se sabe abrigado, enquanto não conseguiu sentir-se ambientado na cultura "branca". Inúmeros problemas pessoais lhe são

---

8. *Idem*, pp. 50 e ss.
9. *Idem*, p. 53. De Roger Bastide foram utilizados ainda: "Algumas Considerações em Torno de uma 'Lavagem de Contas'", em boletim da faculdade, nº 154; "Contribuição ao Estudo do Sincretismo Católico-Fetichista", em boletim da faculdade, nº LIX, 1946; "A Cadeira do Ogan e o Poste Central", *idem*.

resolvidos através do conselho dos Pais e Mães. Por meio dos deuses corporificados, ele se julga libertado de alguns padecimentos, para cuja cura, por médicos reconhecidos, não teria recursos suficientes. O candomblé proporciona múltipla satisfação do anseio humano de prestígio. Não só os Babalorixás e Ialorixás desfrutam a profunda gratificação de ficarem no topo de seu círculo, já que a sociedade restante só lhes reconhece baixa graduação; também os membros subalternos da hierarquia participam do brilho, identificando-se com o superior. Cada um encontra nesse círculo o reconhecimento que a sociedade circundante lhe nega. Essas circunstâncias talvez expliquem a obstinação com que inúmeros negros da Bahia se agarram ao ritual tradicional.

Bibliografia

HERSKOVITS, MELVILLE. *Pesquisas Etnológicas na Bahia*. Bahia, 1943.
PIERSON, DONALD. *Negrões in Brazil*. Chicago, 1942.
RODRIGUES, NINA. *O Animismo Fetichista do Negro da Bahia*. Rio de Janeiro, 1949.
QUIRINO, MANOEL. *Costumes Africanos no Brasil*. Rio de Janeiro, 1938.
PREFEITURA do Município de São Paulo. "Xangô". *Registros Sonoros de Folclore Musical*. São Paulo, 1948.

Tradução de J. Guinsburg

3. O FUTEBOL NO BRASIL*

Anatol Rosenfeld afirmou, certa vez, que o futebol foi sua porta de acesso à cultura brasileira, na qual se integrou de corpo e alma, legando-lhe uma obra valiosa de crítico e ensaísta. Um documento dessa generosa afeição ao futebol é este trabalho publicado em alemão, no ano de 1956, no Anuário do Instituto Hans Staden (Staden-Jahrbuch) sob o título *Das Fussballspiel in Brasilien*. Mas o ensaio não se resolve apenas em testemunho de afeição, pois a garra do crítico cultural está presente em toda parte, embora sempre repassada de compreensão e simpatia pelos figurantes anônimos ou consagrados do espetáculo brasileiro. Os dados que Rosenfeld apresenta são, evidentemente, datados (não se deve esquecer, também, que se dirigia a leitores alemães que não têm a vivência brasileira do futebol), mas as

* Publicado em *Argumento*, fevereiro de 1974.

interpretações penetrantes que lhes dá, bem como as relações que estabelece entre essa forma de diversão popular e outros fenômenos culturais canonizados pela erudição do Ocidente, revelam uma atualidade e uma perspicácia que tornam sua publicação em português não só oportuna como até mesmo necessária. Quanto à tradução, é útil que se diga que, na medida do possível, procuramos manter fidelidade não só ao espírito como também à letra do texto, para fazermos um mínimo de justiça às qualidades excepcionais de estilista em alemão e português que o humanista imprimiu a todos os seus escritos.

Modesto Carone

3.1. Introdução

Quando se comparam as corridas de cavalos em Londres, as touradas em Madri, os *spectacles* na antiga Paris, as corridas de gôndolas em Veneza, as caçadas em Viena e a alegre bela vida do corso em Roma, então não pode ser difícil destacar uns ante outros os matizes de gosto desses diferentes povos.

Essa opinião de Schiller pode parecer ousada, pois causas históricas únicas, difíceis de determinar, são capazes de ter como sequela a apropriação e a posterior popularização de um jogo particular num país. Ainda assim, um êxito tão exclusivo como o do futebol no Brasil, com a completa repressão do jogo de rúgbi, igualmente exercitado a princípio, dá o que pensar. Em contraste com a América do Norte, onde justamente uma variante do rúgbi se impôs, poder-se-ia pressupor uma afinidade difícil de definir da parte latina da América com o jogo de futebol, mais elegante, mais sinuoso e, apesar da decidida virilidade, menos dependente da robustez dos ossos e dos músculos.

Contudo, pelo menos tão importante como a circunstância do *que* um povo joga, é certamente a de *como* esse jogo é praticado, em que formas se manifesta e se organiza e a que necessidades e tensões profundas ele propicia uma descarga. Pois o futebol como tal é popular em muitos países; a maneira, entretanto, como se desenvolveu e é cultivado poderia ser diferente entre os vários povos. Uma apresentação concisa de alguns aspectos do futebol como fenômeno social de primeiro plano na vida brasileira poderia contribuir com alguma coisa para o conhecimento da atual sociedade brasileira.

3.2. Esboço Histórico

3.2.1. Os inícios

Desde o tempo em que Pedro Álvares Cabral descobriu o Brasil até mais ou menos a Proclamação da República (1889), os exercícios físicos – abstração feita dos índios – restringiam-se no país essencialmente a realizações práticas como caçar, pescar, cavalgar, nadar, navegar e atividades semelhantes. Tratava-se, aqui, não apenas de conhecimentos lúdicos ou esportivos para o preenchimento das horas vagas, como também, pelo contrário, principalmente de esforços de trabalho para a manutenção da vida. Um caráter semirreligioso, semiesportivo tinha, no entanto, a *cavalhada*, uma festa hípica que ainda hoje às vezes ocorre e que representava, em forma dramática, as lutas dos cristãos contra os mouros na península Ibérica.

Já antes podem-se qualificar como exercícios físicos, no sentido moderno, a tradicional *malha* (um jogo de lançamento de disco) e, num grau mais alto ainda, a famosa *capoeira*, forma acrobática de autodefesa, cujos representantes, quase sempre homens de cor, sabiam derrubar redondamente o adversário perplexo através de uma técnica rica em truques de violentas cabeçadas e ágeis rasteiras, tanto mais quanto a última foi cultivada simultaneamente como dança com acompanhamento musical. Na época do seu florescimento, entretanto, ela foi, em alta medida, a perigosa arma do lúmpen – proletariado formado pela libertação de muitos escravos de cor, dos arruaceiros do submundo urbano, terror da polícia e do burguês pacífico para que pudesse ser considerada esporte ou jogo.

Só a libertação definitiva dos escravos (1888), a Proclamação da República a ela vinculada e a imigração que a seguir começou de forma poderosa, mais os inícios da indústria e o rápido desenvolvimento das cidades, sobretudo o Rio de Janeiro e São Paulo, provocado por todos esses acontecimentos, criaram as condições psicossociais prévias do esporte. Seu triunfo está estreitamente ligado, também na Europa, à industrialização e ao surgimento das grandes cidades. Já em 1882, Rui Barbosa, como relator da comissão estatal de ensino, tinha salientado a necessidade dos exercícios físicos nas escolas primárias, sem, entretanto, encontrar eco sensível. Onde faltou a iniciativa do Estado, entrou em ação o impulso dos imigrantes e de numerosos brasileiros que haviam estudado na Europa. Só se pode falar de esporte no sentido moderno quando os exercícios físicos se organizam na forma estabelecida de um clube. Ao que tudo indica, o primeiro clube de regatas foi fundado em 1888 por alemães no Rio Grande do Sul (primeiro clube de regatas do mundo: 1831, em Londres; primeiro clube de regatas da Alemanha; 1836, em Hamburgo). Por volta de 1895 realizaram-se as primeiras corridas de bicicleta e competições de natação no Brasil.

O "esporte rei" foi transplantado para o Brasil por Charles W. Miller, um brasileiro de origem inglesa. Aos dez anos de idade, Miller foi enviado à terra de seus pais para frequentar a escola. Quando voltou a São Paulo, em 1894, trouxe em sua mala uma bola de futebol. Para difundir o futebol entre os ingleses que viviam em São Paulo e jogavam *cricket*, Miller entregou-se a uma fervorosa atividade de missionário. O primeiro círculo que cultivou o jogo numa forma organizada foi formado por sócios de um clube inglês – o *São Paulo Athletic Club*, que havia sido fundado para a prática do *cricket* e ao qual Miller se associou. O clube reunia altos funcionários ingleses da Companhia de Gás, do Banco de Londres e da São Paulo Railway. Os imitadores brasileiros que logo em seguida apareceram eram predominantemente jovens das camadas superiores, frequentemente filhos de fazendeiros, que afluíam às cidades, para aí apanharem seus títulos de juristas; a primeira equipe essencialmente brasileira compôs-se de alunos do *Mackenzie College* de São Paulo, que fundaram um clube com o mesmo nome. Fora os ingleses, havia, porém, outros grupos de jovens imigrantes que trouxeram da Europa a necessidade de aproveitamento esportivo das horas livres.

Entre estes o mais importante foi Hans Nobiling, um jovem hamburguês, que em 1897 veio para o Brasil. Em seu país de origem, pertencera ao Clube Germânia de Hamburgo. Em 1899 ele fundou um clube com o mesmo nome (hoje Clube Pinheiros), que reunia sobretudo jovens funcionários do comércio e que, rompendo o princípio dos jogos puramente internos entre ingleses ou alunos brasileiros do *College*, logo enfrentou o Clube Mackenzie. O primeiro jogo realmente sensacional realizaram os funcionários do comércio de Nobiling contra o pessoal inglês da Companhia de Gás, da Estrada de Ferro e do Banco. Teve lugar em 1899, perante um público surpreendentemente numeroso de sessenta "torcedores" (fãs de futebol). Os ingleses venceram por 1 a 0.

As resistências iniciais, que só se fizeram notar outra vez muito mais tarde, não tiveram nenhuma profundidade, e no Rio de Janeiro e em outros Estados repetiram-se, nos anos seguintes, evoluções semelhantes. As grandes "batalhas" para a implantação do esporte já tinham sido travadas na Inglaterra, e o continente americano, então ainda inclinado a receber de braços abertos tudo o que vinha da Europa, pode colher os frutos. Ainda na primeira década do século XIX, o jogo proibido havia sido praticado em segredo nas *public schools* inglesas, que, sem dúvida, se tornaram suas pioneiras.

Em sentido totalmente contrário, no Brasil foram justamente os colégios que muito cedo se tornaram as forjas de futebolistas: em escolas como os colégios militares, o Ginásio Nacional, o Alfredo Gomes, o Abílio, o Anglo-Brasileiro, o futebol era quase uma matéria obrigatória. A Igreja Católica, fator de enorme importância, parece não ter levantado nenhuma objeção. Deve-se até salientar o fato de que numerosos padres deram o impulso decisivo para a difusão do novo jogo. Uma certa notoriedade conseguiu o padre Manuel Gonzales, que deve ter fabricado a primeira bola brasileira de couro cru, para que seus alunos do Colégio Vicente de Paula (Petrópolis) pudessem dedicar-se ao esporte. Com essa bola, a "peluda", jogavam naquela escola equipes de trinta a quarenta alunos, entre eles os padres com batinas arregaçadas, distribuindo golpes possantes e exigindo igualmente chutes poderosos, mesmo que ocasionalmente estes alcançassem sua canela[1].

Multidões de jovens amadores afluíam dos colégios para os clubes que se formavam.

> A juventude parece ter tido a intuição [diz Fernando de Azevedo] de que este esporte era o mais completo do ponto de vista educativo e psicodinâmico, e por isso recebeu-o de braços e corações abertos como se tivesse esperado por ele desde há muito tempo*[2].

---

1. Mário Rodrigues Filho, *O Negro no Futebol Brasileiro*, Rio de Janeiro, p. 47.
* Esta, como as demais citações de autores brasileiros, foram retraduzidas para o português. (N. do T.)
2. Fernando de Azevedo, *A Evolução dos Esportes no Brasil*, São Paulo, 1930, p. 31.

Segundo a opinião desse importante pedagogo, o futebol conseguiu ser, simultaneamente, o precursor de outras modalidades de esporte.

Do impacto esmagador com que o futebol já nos primeiros anos arrebatou justo a juventude intelectual, bem como das bases emocionais mais profundas de um nacionalismo inflamado pelo "complexo colonial" – bases que em parte explicam esse êxito –, dão testemunho dois artigos que Monteiro Lobato, um dos mais destacados escritores do Brasil, publicou em 1905 num jornal da província. Os pronunciamentos são particularmente característicos justamente por causa do excesso juvenil do estudante de direito jogador de futebol e do tom abertamente irônico e polêmico. Depois de um hino às excelentes qualidades educativas do futebol, no sentido físico e moral, que contribuiu imensamente para a superioridade das nações anglo-saxônicas, o autor expressa seu júbilo pelo fato de que a "raça neolatina" conseguiu medir-se com os "loiros filhos de Albion" que viviam em São Paulo. Os netos dos bandeirantes cobraram ânimo ousadamente diante dos ingleses e fundaram o

jogo nativo com uma fúria quase assustadora neste país de bananas. Do dia para a noite surgiram mais de 250 clubes esportivos [...] e a "seleção natural" fez com que quatro clubes brasileiros há anos lutassem com dois clubes estrangeiros pela taça de ouro do campeonato [...]. No primeiro ano, a população eletrizada viu-se colocada diante de uma nova questão social. Tratava-se de verificar se o paulistano tinha capacidade para sair vitorioso ante a enorme oposição dos filhos de Albion. O povo compreendeu de imediato o extraordinário alcance deste duelo [...]. Essa luta tinha para a população de São Paulo um significado moral dez vezes maior do que a eleição de um presidente do Estado. Parava nas ruas para apontar com os dedos os jogadores -aqueles renovadores do nosso sangue. São Paulo reconhece que cada um desses jovens é socialmente mais importante do que todos os deputados estaduais e federais somados, multiplicados e elevados à sétima potência [...]. O último gol do Clube Paulistano contra os ingleses provocou a maior tempestade de aplausos jamais conhecida em São Paulo. Milhares de mãos, acenando chapéus, ergueram-se em delírio, milhares de gargantas gritaram um titânico hurra, um hurra gigantesco e ensurdecedor que fez a terra tremer [...]. Fedelhos de quatro anos já chutavam a bola, com sete já faziam ataques e com oito gazeteavam a escola para treinar no campo vizinho [...]. Esta é uma perspectiva consolado" [...]. Só assim se está, com vinte, preparado para o *steeple-chase* da *struggle-for-life*. É dessa espécie de homens que precisamos. Menos doutores, menos parasitas, menos senhores feudais, menos deputados, menos promotores, menos bajuladores e mais *struggle-for-life*, mais "homens", mais nervos, mais corpúsculo6 vermelhos, para que um Camilo Castelo Branco não possa repetir que ele tem sangue corrompido nas veias e farinha de mandioca nos ossos[3].

3.2.2. Ascensão das massas

Enquanto o futebol organizado foi cultivado essencialmente pelas camadas superiores da juventude e, em consequência disso, pôde conservar seu caráter puramente amador, fez parte, de forma comparável talvez ao tênis atual, das competições frequentadas pela "boa sociedade" e preferido sobretudo pelo elemento feminino.

As filhas de boas famílias, que de início haviam dirigido sua homenagem aos remadores musculosos, voltaram decididamente sua predileção para os lestos e igualmente intrépidos jogadores de futebol, cujos clubes começaram a desenvolver uma animada vida social. Nos jogos de cidade para cidade os representantes de clubes distintos como o Fluminense (Rio) ou do Paulistano viajavam com o *smoking* na mala e se alojavam nos melhores hotéis.

De forma semelhante aos torneios da Idade Média, de que só podiam participar cavaleiros cuja origem nobre pudesse ser provada por quatro gerações, os primeiros jogadores do Paulistano (e com maior razão seus dirigentes) eram predominantemente "paulistas de quatro-

---

3. Em *O Povo*, Caçapava, publicado sob nome de Hélio Bruma em 10 e 17 de julho de 1905. O autor deve ao pesquisador de Lobato, Edgar Cavalheiro, uma cópia destes artigos que permaneciam até agora desconhecidos.

centos anos" – "paulistas Mayflower" de ascendência tradicional. E como na Idade Média, a donzela confiava ao eleito um signo da *Mime* (amor), assim agora, depois do encontro marcado às escondidas durante a missa, o jovem craque entrava em campo adornado com o gorrinho tricotado pela namorada, quando não com seu lencinho colorido de seda na cinta ou no braço. O futebol tornou-se símbolo da virilidade flexível de uma juventude formada por uma cultura patriarcal em que a vigorosa potência viril[4] e a elegância verbal literário-retórica contavam entre os valores mais altos: diante das tribunas coloridas, onde se apinhava a "flor da juventude feminina", os jogadores podiam, então, com uma espécie de retórica física, incomparavelmente mais eficaz do que a verbal, explorar sua masculinidade.

> Quando hoje eu te vi executar o salto, descontraído, ousado e vigoroso como uma figura da *Ilíada* [consta no soneto da noiva de um goleiro do Fluminense] então estremeci no mais íntimo do meu ser, tomada por um impulso frenético, como se estivesse diante de um grego, do herói de uma Olimpíada. Abalada como diante de Apoio a Dríade, medi tua magnífica figura [...]. Contra o fundo incomparável de um pálido crepúsculo tu te lançaste ao espaço, tensos todos os músculos, envolto no rugido do aplauso das massas entusiasmadas. Como um deus, que gracioso e ágil do Olimpo descesse, tocaste então o solo, glorioso, ardente e destemido – perfeito na beleza da escultura grega clássica[5].

Só lentamente enchiam-se também as gerais. "Os moleques" (meninos, sobretudo de cor, das camadas sociais inferiores), que assistiam aos treinos dos ginasianos e estudantes, aproveitavam cada bola que saía de campo para, antes de chutá-la de volta, experimentar a força de seus pés. Nas famosas "peladas" (lugar onde os cabelos

---

4. Arnold von Buggenhagen chamou a atenção para este ponto, sob a rubrica *macho*, nas suas ainda não publicadas *Peculiaridades Léxicas da Língua Brasileira*.
5. Ana Amélia, "O Salto", a Hélio Marcos Mendonça, mais tarde seu marido.

caíram; clareira, daí o nome popular dos campos de futebol não tratados dos subúrbios) formaram-se equipes, cujos jogadores adolescentes muitas vezes não tinham mais nada para fazer o dia inteiro do que se exercitarem, uma vez que nem iam à escola, nem pensavam em trabalhar e que, em consequência disso, desenvolveram logo uma técnica sedutora. Para a democratização do futebol foi de extraordinário significado a fundação do *The Bangu Athletic Club* no ano de 1904. Bangu, um subúrbio do Rio de Janeiro, é a sede de uma grande fábrica de tecidos, que mandou vir da Inglaterra os técnicos de que precisava. Os ingleses fundaram o clube com o consentimento da direção da fábrica, que lhes pôs à disposição também um campo situado próximo. Em virtude da distância do subúrbio, entretanto, não foi possível aos ingleses constituírem equipes fechadas chamando os compatriotas da cidade. Viram-se obrigados a recorrer aos operários da fábrica, estimulados pela direção esclarecida, que provavelmente soubera que os fabricantes de tecidos ingleses na Rússia fomentavam o futebol entre os turnos para animar sua disposição ao trabalho e seu *esprit de corps*. Logo foram concedidos privilégios especiais aos bons jogadores: licenças para treinar, trabalho mais leve, possibilidades de promoção mais rápida. Mais tarde, depois da supressão do *the*, o clube tornou-se quase mais conhecido do que a fábrica, e gerações de jovens foram admitidos não só porque trabalhavam bem, mas também porque jogavam bem – o que, no entanto, resultou em vantagens para os produtos manufaturados. A importância deste e de clubes semelhantes é considerável não porque operários e, por conseguinte, também homens de cor chegaram dessa maneira a jogar – essa possibilidade sempre lhes esteve aberta, embora sob condições menos propícias –, mas porque, dessa forma, eles pertenciam a clubes que tinham *status* e, em vista disso, foram admitidos nas federações de clubes socialmente reconhecidos que logo surgiram, de tal forma que logo cedo trabalhadores, entre os quais homens de cor, puderam medir-se com elementos das camadas superiores – com equipes cujos jogadores eram quase na totalidade estudantes de direito e medicina.

Muitas confusões da política de clubes e federações explicam-se, assim, por um tenaz conflito de classes. Em 1913, o Clube Paulistano rompeu a associação existente e fundou uma nova, na aparência por causa de um motivo insignificante, mas na realidade porque queria fazer uma "seleção rigorosa" e "exigia que as equipes" fossem integradas por "jovens delicados e finos".

> De repente apareceram inúmeros esportistas de outras zonas (isso quer dizer dos subúrbios) e de outros costumes [...]. Os mais velhos, fiéis aos hábitos anteriores, receberam seus companheiros com hostilidade [...][6].

Quando também a nova Liga não se livrou totalmente dos elementos "de outras zonas" e, com isso, concomitantemente pareceu ameaçada a pureza do sistema de amadores, o Paulistano tornou-se, em 1925, motivo para uma nova dissolução da federação. A despeito de seus brilhantes sucessos no setor do futebol, o tradicional clube retirou-se afinal totalmente desse esporte e hoje dedica-se – abstração feita de suas atividades puramente sociais – quase que inteiramente ao tênis.

Uma das barreiras mais importantes que dificultou a "ascensão" (para a divisão superior) dos círculos proletários e de cor foi seu analfabetismo. Muitos clubes viram-se forçados a contratar professores para ensinar o á-bê-cê a seus jogadores, uma vez que as ligas "superio-

---

6. Thomas Mazzoni, *História do Futebol no Brasil*, São Paulo, 1950, p. 85, apresenta a primeira parte dessa citação de: Antônio Figueiredo, *História do Football em São Paulo*, São Paulo, 1918. No original (p. 131) encontra-se, entretanto, apenas a segunda parte da citação. Provavelmente Thomas Mazzoni estava diante de outra edição.

res" exigiam a assinatura dos craques nas súmulas. Logo impuseram-se também visitas de controle nas firmas, onde, segundo informação do clube, os jogadores X e Y estariam empregados. A exigência de uma atividade amadorística pura, provada através do exercício de uma profissão (ou da posse de uma fortuna), foi um dos meios mais importantes para impedir a penetração de elementos indesejáveis nas associações aristocráticas, e a criação de empregos frequentemente fictícios pelos clubes um dos meios mais importantes para contornar esse empecilho. Só que todas as contramedidas foram inúteis. *Jogando* a classe mais baixa subiu para a primeira divisão e nesse jogo extremamente sério e encarniçado espelha-se um processo social de enorme envergadura; um processo que, em muitas sociedades e períodos, efetivamente encontrou no jogo e na competição sua realização decisiva[7].

3.2.3. *Revolução do jogo profissional*

A evolução para o futebol profissional no Brasil é um exemplo clássico da gravitação inevitável de uma trajetória que está ligada ao jogo como espetáculo de massas. Quanto maiores eram as multidões que aderiam ao futebol, tanto mais a popularidade e a importância de um clube dependiam do desempenho de suas equipes de futebol. Estas tornaram-se as vitrinas dos clubes, que, como instituições sociais e em geral esportivas, concentravam interesses financeiros cada vez maiores. Levar em consideração a "classe" dos jogadores – mesmo que fosse num sentido puramente esportivo – tornou-se afinal um empreendimento quixotesco. Evidenciou-se que nas camadas inferiores, entre os negros, mulatos e brancos pobres, havia um grande número de jogadores de pri-

---

7. Johan Huizinga, em sua obra *Homo Ludens*, alude a esse ponto; além disso, Ortega y Gasset, *El Origen Deportivo del Estado*, bem como Marcel Granet, *Fêtes et Chansons Anciennes de la Chine*.

meira classe, seja porque os ajudava um talento natural, seja porque a "sucção da subida" e o remoinho das chances do futebol os envolvia e canalizava, seja porque eles, que não eram estudantes de medicina ou direito e frequentemente não tinham uma profissão, podiam lançar toda a sua paixão no jogo; em suma, porque levavam o jogo a sério e "não tinham nada a perder". Muitos homens de cor, de antemão desencorajados pela dificuldade da ascensão, tornados interiormente incapazes de enfrentar as exigências da vida, viram sua hora chegar. Daí a seriedade com que jogavam, com que punham tudo no jogo: este tornou-se, como a embriaguez do álcool e da dança, um caminho de fuga, certamente um caminho que parecia ir para cima. Apenas poucas décadas antes havia sido abolido o sistema de escravidão. Ainda aderia uma mancha a qualquer trabalho manual. Dar pontapés numa bola era um ato de emancipação. De repente o próprio jogo tornou-se para eles um trabalho, e pôde igualmente relacionar-se com a emancipação dos escravos – num país que nunca teve o equilíbrio de uma ética puritana do trabalho – o fato de que, por outro lado, muitas vezes também o trabalho foi realizado como se fosse um jogo[8].

Já muito cedo – talvez desde 1910 – a necessidade de atrair elementos pobres tornou o pagamento de "bichos" imperativo (o termo provavelmente vem do *jogo do bicho*); conforme o êxito, os jogadores recebiam um "cachorro" (5 mil-réis, na moeda da época), um "coelho" (10 mil-réis), um "galo" (50 mil-réis), uma "vaca" (100 mil-réis), e assim por diante. Essas gorjetas tiveram como efeito perigoso o fato de que muitas vezes desviavam jovens mais bem colocados de uma carreira segura. Mesmo quando lhes era arranjada uma colocação, o número

---

8. Em suas obras *Homo Ludens* e *Na Sombra do Amanhã*, Johan Huizinga aponta criticamente o perigo da mistura das esferas do jogo e da vida, qualificando-a de "pueril". Sua crítica, no entanto, é por demais geral para caber às relações peculiares aqui retratadas.

daqueles que realmente visavam a assumi-la não era muito grande. A situação estranha desses "amadores" foi descrita por um dos maiores jogadores dos anos 20, Floriano Peixoto Corrêa, o Marechal da Vitória[9]. Nascido em 1903, o rapazinho de treze anos, órfão de boa família, foi para o Colégio Militar de Barbacena, onde fez parte do *Infantil Futebol Clube*, preocupando-se "mais com o futebol do que com os livros". Jogador brilhante, pertenceu às seleções do Exército e foi descoberto por um dos maiores clubes do Rio. Uma vez que ele, como soldado raso, da mesma forma que um garçom ou barbeiro, não podia jogar no time, foi exortado a dar baixa e morar na sede do clube, enquanto lhe eram assegurados, simultaneamente, subsídios especiais.

> Vi que pertencia a um clube aristocrático, com uma sede rica e instalações luxuosas – um futuro agradável como jogador acenava para mim. Finalmente realizaram-se os sonhos do aluno do Colégio Militar [...].

Mais tarde, porém, consta o seguinte:

> O futebol desviou-me dos meus estudos [...]. Sem o uniforme, comecei a levar a vida de um capitalista sem capital. Para manter-me no alto da sociedade seleta do Rio, costumava viajar para Petrópolis, onde passava a temporada de verão. A convite de R. P., morava na sua residência palaciana [...], tinha um automóvel de luxo e cavalos fogosos à minha disposição. Com tudo isso, meu futuro era um enigma. Fumava charutos, bebia vinhos finos e meditava sobre o contraste gritante que por ironia me levou a um palácio, enquanto o meu guarda-roupa se limitava a um terno modesto, consideravelmente usado, que me havia sido emprestado pelo milionário J. N. [...]. Os dados estavam lançados. Eu tinha torcido o meu destino, e o que iria acontecer agora estava nas mãos de Deus [...]. Enquanto eu tivesse pernas, meu sustento e alguma coisa mais estava assegurado.

---

9. Floriano Peixoto Correa, *Grandezas e Misérias do Nosso Futebol*, Rio de Janeiro, 1933, pp. 59 e ss. No original, todos os nomes estão transcritos por inteiro.

Não podia demorar para que o falso "amadorismo", com seu efeito extremamente corruptor, trouxesse consigo um estado latente de exasperação em inúmeros jogadores, que se viam como "cavalos de comida" alimentados com pouco "milho" (dinheiro) ao passo que as "cavalariças", centros de uma indústria de diversão cada vez mais poderosa, ganhava com eles somas gigantescas. A insustentabilidade das condições de então espelha-se no número comovente de jogadores subnutridos que, seja por uma fidelidade tocante ao clube, seja por necessidade, para ganhar seu "bicho", pegavam tuberculose sem mencionar aqueles que, tornados incapazes por acidentes graves, morriam na miséria.

Sob a pressão da concorrência, na forma de severas disputas esportivas, a ascensão dos homens de cor para a "primeira divisão" tornou-se inevitável – um fato que gerou muitos conflitos psicológicos, pois o que valia no jogo não podia impor-se tão rapidamente na vida. No campo de futebol, de uniforme esportivo, o homem de cor, apesar de múltiplas dificuldades, apesar do protetor de jogadores brancos, e mesmo da saída de sócios de clubes nobres, podia ter provado sua plena igualdade em perseverança, inteligência, musculatura física e moral; ninguém discutia sua capacidade extraordinária, e a democracia racial no campo logo reinou de forma ilimitada. Contudo, nas dependências internas de clubes grã-finos, quando quer que ultrapasse a soleira, ele, vestido com solenidade, sentia-se marginalizado por mais que, em alguns casos, até diretores do clube se esforçassem no sentido de sua integração social.

A profissionalização pôs termo a essa situação ambígua, na medida em que transformou os jogadores em funcionários, que, como tais, conforme a posição do clube, não precisavam ter nenhum direito a participar de sua vida social. Foi criada uma nítida divisão entre o campo de futebol e o clube, que, ao mesmo tempo, precisava provocar uma regeneração do esporte amador. Além disso, a equipe profissional tornara-se inevitável para impedir a saída de jogadores brasileiros para países que já haviam introduzido o esporte profissional. Na Itália, em inícios da década de 30, havia disputa em torno de jogadores brasileiros brancos com nomes italianos (muitas vezes, para enganar os italianos, eles trocavam o "o" por um "i"). Em Barcelona, brasileiros de cor jogavam ganhando salários principescos; a Argentina e o Uruguai introduziram o esporte profissional. O emigrante brasileiro do futebol tornou-se uma figura do dia-a-dia. Após violentos conflitos nas federações, venceu a corrente daqueles que defendiam o jogo profissional. Na literatura correspondente, o processo é descrito como uma revolução e num certo sentido ela o é, como expressão de um conflito social no domínio do jogo. As massas haviam arrancado às camadas superiores um privilégio. A vingança sutil foi o desaparecimento do prestígio (ligado à saudade dos "bons velhos tempos do futebol"): as moças *bem,* a frente mais sensível da burguesia, retiraram-se lentamente das tribunas de futebol e decidiram-se por modalidades mais exclusivas de esporte. A reputação social do futebol baixou; contudo, havia se tornado o esporte nacional, que como espetáculo envolvia todos os círculos masculinos, inclusive as elites, as quais, nos grandes encontros futebolísticos, se irmanavam às massas em euforia festiva, na circunferência reboante do estádio.

3.3. Aspectos Econômicos do Futebol

3.3.1. Números gerais

Para explicitar o estado atual do futebol no Brasil bastam alguns dados, na medida em que eles se referem aos principais centros do jogo – São Paulo (cidade e Estado) e Rio de Janeiro. Não existiam à disposição do autor números globais relativos aos 26 Estados e Territórios do país. As cifras essenciais aqui apresentadas precisariam provavelmente ser multiplicadas por 5 ou 6, para se aproximarem da média do país.

No ano de 1954, estavam associados à Federação Paulista de Futebol 1649 clubes (com equipes de futebol profissional e amador). Na mesma época pertenciam às respectivas federações 61 clubes de tênis, 35 de natação, 14 de remo, 47 de basquetebol e 26 de atletismo. Em 1946 estavam registrados, em todo o Estado, como jogadores ativos amadores e profissionais, 66 500 esportistas (o número dos jogadores reais é naturalmente muito maior), treinando em 562 campos. Os jogos do campeonato profissional da primeira divisão do Estado de São Paulo, do qual participaram 14 clubes, obtiveram uma renda bruta de 27 368 595 cruzeiros, ao passo que os jogos amistosos de profissionais deram uma renda bruta de 12 357 655 cruzeiros. Dos jogos de campeonato resultaram para os três maiores clubes da primeira divisão os seguintes rendimentos: *Corinthians* – 3 503 553 cruzeiros; *Palmeiras* – 2 899 534 cruzeiros; *São Paulo* – 2 649 462 cruzeiros. Nesses mesmos jogos foram vendidas 1528 633 entradas (não se incluindo aqueles espectadores que, por serem sócios do clube que joga, têm entrada livre), os amistosos mais 716 223. No que toca à Federação, ela teve uma receita, em 1951, de 3 800 908 e despesas no valor de 2 083 719 cruzeiros. A sede da atual Federação, fundada em 1935, encontra-se nos primeiros cinco andares de um prédio de treze, situado no centro, que pertence à Federação.

Os algarismos acima[10] referem-se, naturalmente, não aos inúmeros jogos de campeonato e amistosos da segunda divisão (cerca de 70 clubes), nem às equipes de

---

10. As cifras procedem, em parte, diretamente da Federação Paulista de Futebol, em parte foram tiradas das publicações anuais do Departamento de Esportes e Educação Física do Estado de São Paulo. Os dados relativos ao Rio são provenientes da revista *Vida do Crack*, nº 21.

amadores de cerca de 400 clubes, nem aos numerosos jogos dos 650 assim chamados "clubes varzianos" – pequenas associações de subúrbios que representam uma fonte inesgotável de jogadores profissionais para os grandes clubes. As cifras recordes em jogos de campeonato, no entanto, costumam ser alcançadas no Rio, desde logo por causa do grande Estádio do Maracanã, ao qual não raro, em encontros importantes, afluem mais de 100 mil espectadores. Assim, por ocasião dos campeonatos de 1954, foi alcançada a renda de 2 437 235 cruzeiros e 70 centavos no jogo entre os rivais tradicionais *Flamengo* e *Vasco da Gama*.

Como curiosidade, pode ser assinalado que se confirmou uma previsão de Monteiro Lobato (nos artigos citados) sobre o surgimento de uma nova indústria: só em São Paulo (cidade) foram produzidas em 1954, por três firmas principais, 51727 bolas de futebol e por três outras fábricas (das maiores entre sete especializadas) 103 471 pares de chuteiras.

3.3.2. *Dois clubes*

O *Fluminense Football Club* (fundado em 1902, no Rio), um dos mais distintos e importantes do Brasil, desenvolveu-se essencialmente na base de suas equipes de futebol; sua seção de profissionais é até hoje o departamento mais importante do clube. A sede estende-se por uma superfície de 56 mil metros quadrados que em 1952 era avaliada em 150 milhões de cruzeiros. As dependências do clube abrangem saguão, sala de brasões, museu com mais de novecentos troféus, seção administrativa, restaurante, bares, sala de reuniões, estádio de tênis (com 2 mil lugares), 4 quadras de tênis, piscina (com bar), parque infantil, estande de tiro, salão de ginástica (com 2 mil lugares, palco etc.), 4 mesas de bilhar, biblioteca, serviço médico, campo de futebol e pista de atletismo (para 25 mil espectadores). Departamentos técnicos, administrativos e esportivos contam com 163 funcionários, que recebiam em 1952 vencimentos no valor de 450 mil cruzeiros. A esse corpo de funcionários pertencem 3 médicos, 13 técnicos de esporte, 100 empregados de escritório e outros, 40 jogadores profissionais de futebol, 4 massagistas e 1 enfermeiro. O número de sócios subia, em 1951, a 8 060, as rendas a 13 079 951 cruzeiros e as despesas a 11746 631 cruzeiros. As atividades esportivas do clube estendiam-se ao atletismo, basquetebol, esgrima, ginástica, futebol profissional e amador, natação, tênis, voleibol e polo aquático.

> No Fluminense há, diariamente, diversão para os sócios e suas famílias, seja de natureza esportiva, artística ou social – bailes, apresentações de artistas de rádio, representações teatrais, dança clássica, concertos sinfônicos, variedades, noites sociais, sessões de cinema e televisão – tudo ao lado de competições atléticas de toda espécie[11]

fazendo total abstração dos grandes bailes (sobretudo no carnaval).

Enquanto o Fluminense se gaba do fato de que seus fundadores "foram quase todos educados na Suíça e Inglaterra"[12], o *Clube Corinthians de São Paulo* (fundado em 1910) ressalta sua origem popular; "nasceu pobre, ao que parece continuou pobre, misturou-se com as mais modestas massas trabalhadoras [...] e desprezou a afetação falsa do mundo grã-fino [...]"[13]. Em nove meses (de janeiro a setembro de 1954), as despesas desse clube nas suas várias seções esportivas (natação, remo, atletismo, basquetebol, futebol amador, ginástica, voleibol, boxe, xadrez) elevavam-se a 138 309 de cruzeiros e 60 centavos, ao passo que as despesas só no departamento de futebol montavam a 5 860 159 de cruzeiros e 70 centavos. Na mesma época, a receita de mensalidade (de mais de 20 mil sócios) era de mais de 4 milhões de cru-

---

11. Paulo Coelho Neto, *História do Fluminense*, Rio de Janeiro, 1952, p. 143.
12. *Idem*, p. 11.
13. *Corinthians*, órgão oficial do S. C. Corinthians, nº 60, out. 1954.

zeiros e a dos jogos de campeonato e amistosos perfazia a soma de 4 574 737 cruzeiros.

3.3.3. O jogador

As possibilidades econômicas que o futebol abriu para um círculo certamente restrito das camadas pobres são indiscutíveis. Essas perspectivas já haviam existido na época do amadorismo, sobretudo através da facilidade maior de empregos, que, quando eram realmente assumidos, possibilitavam também aos elementos de cor um futuro garantido que, sem o futebol, lhes teria permanecido inatingível. Os filhos de muitos jogadores de cor frequentam hoje escolas superiores e trilham o caminho da ascensão social.

Um caso positivo típico é o do excelente ex-atacante Hércules de Miranda, que por volta de 1930 até 1940 foi reiteradas vezes campeão brasileiro. Quarenta e três anos de idade, bronzeado, cabelo levemente encaracolado, traços caucasianos e comportamento extremamente correto, Hércules deu ao autor as seguintes informações: proveniente de família das mais modestas, oficial de funileiro com formação escolar de curso primário, entrou em 1930, aos dezoito anos de idade, para o clube *Juventus*, criação do industrial de tecidos conde Crespi, em cuja fábrica conseguiu, ao mesmo tempo, colocação como funileiro. Apesar do sistema ainda reinante de amadorismo recebia, já naquela época, como jogador, 150 mil-réis por mês e, de três em três meses, fazenda para dois ternos. Tinha privilégios especiais para o treinamento e recebia como funileiro 500 mil-réis por mês (na época, uma boa situação). Em 1933 veio a profissionalização. "Era inevitável, diante do sistema amadorístico corrompido. O jogador, que distraía o público pagante, precisava, por seu lado, ser pago." O *São Paulo* ofereceu ao jogador já conhecido um contrato de 4000 mil-réis na assinatura, 400 mil-réis mensais, além de prêmios consideráveis. Hércules concordou, abandonou seu ofício, começou a cursar uma escola de comércio e aceitou um emprego no escritório de um advogado. Convidado pelo *Fluminense*, foi para o Rio, fechou um contrato de 15 000 mil-réis, além de um salário mensal de 1000 mil-réis, alojamento, assistência e os prêmios usuais. Ao lado disso, trabalhava no escritório de um diretor do *Fluminense* (salário: 600 mil-réis, naquele tempo uma situação esplêndida). Em 1938 foi com a seleção para os campeonatos mundiais. Em 1939 casou-se (sua esposa é branca e era naquela época sócia do Fluminense; como funcionário do clube, no entanto, ele não tinha acesso às suas reuniões sociais). Durante dez anos trabalhou no Fluminense, com contrato anual cada um de 15 000 mil-réis de "luvas" e o mencionado salário. Em 1942 e 1944 fechou com o *Corinthians* contratos por dois anos a 60 mil cruzeiros e 800 mensais cada. Desde 1943, entretanto, trabalhou em sua atual firma (um grande empreendimento paulista de aplicação de capitais), da qual presentemente é inspetor, ganhando altos salários. Em 1946 encerrou sua atividade futebolística profissional. "Desde então jogo só por divertimento e ainda em 1953 ganhei, com antigos colegas, o campeonato sul-americano de veteranos." Em 1937 comprou para sua mãe uma casa. Atualmente possui casas e terrenos em São Paulo e Santos "e naturalmente um automóvel".

Casos favoráveis desse tipo, naquela época ainda relativamente raros, são hoje normais. O salário médio de um jogador, que joga no primeiro time de um dos grandes clubes de São Paulo ou Rio, eleva-se, no momento, a cerca de 8 até 15 mil cruzeiros mensais (mais do que o salário de um professor em ginásios oficiais), aos quais se acrescentam somas consideráveis (50, 100, 150 mil cruzeiros) a cada nova renovação de contrato, sem contar os prêmios usuais dos jogos, que hoje oscilam entre 500 e 2 mil cruzeiros. Vencimentos mais elevados, de 25 a 35 mil cruzeiros, são raros (com as verbas de contrato, ultrapassam os vencimentos dos secretários de Estado de muitos Estados brasileiros). Um clube italiano ofereceu recentemente a um jogador paulista "luvas" de 2 500 000 cruzeiros (pela cotação anual do cruzeiro, cerca de quinze Volkswagen) e recebeu uma resposta negativa.

As possibilidades econômicas não se restringem naturalmente só aos vencimentos e adicionais; referem-se, em alto grau, também ao prestígio pessoal que o jogador adquire em amplos círculos e que lhe assegura em numerosos casos rendimentos do tipo mais ou boas colocações.

3.4. Aspectos Psicossociais do Futebol

3.4.1 O torcedor

O verbo "torcer" significa "virar, dobrar, encaracolar, entortar" etc. O substantivo "torcedor" designa, portanto, a condição daquele que, fazendo figa por um time, torce quase todos os membros, na apaixonada esperança de sua vitória. Com isso reproduz-se muito plasticamente a participação do espectador que "coatua" motoramente, de forma intensa, como se pudesse contribuir, com sua conduta aflita, para o sucesso de sua equipe, o que ele, enquanto "torcida" – como massa de fanáticos que berram –, realmente faz.

O fato de ser justamente o futebol que atrai as torcidas mais impressionantes tem seus motivos. Um dos mais importantes é que favorece em especial a cooperação motora e, consequentemente, a identificação, pois todo menino e todo homem (isto é, a criança ou o bárbaro que há nele) tem a tendência de impelir para a frente, com o pé, latas e cascas de fruta que estão no caminho. A reação natural do homem (não do burguês assentado e, em nossa cultura, quase nunca da mulher) é devolver com o pé uma bola que rola para ele.

Sem entrar em discussão sobre problemáticas interpretações psicanalíticas[14], parece ser claro que o arremesso, pelo simples fato de se realizar com a mão, é um comportamento incomparavelmente mais civilizado do que o golpe com o pé. Aquele, sobretudo no jogo de bola das moças, é um dar e receber de alta amabilidade; este, enquanto movimento de chutar, é um ato de agressão, por mais terna e flexível que seja a maneira com que o bom jogador saiba "cuidar" da bola, que lhe responde elástica, lhe escapa e pula ao seu encontro: o próprio fato de ele a "tratar" e "manipular" com os pés, como que acordando-a para a vida, na medida em que os pés parecem receber a cultura das mãos, confere ao chute impetuoso um caráter mais violento, o qual, no entanto, está domado pela disciplina. Essa ambivalência deve exercer um apelo extraordinário em culturas que, como as do Ocidente, reverenciam tanto o ideal da masculinidade -um traço que no Brasil particularmente se realça.

A identificação íntima do torcedor com o jogo e os jogadores, facilitada pela reação natural do pontapé agressivo, é intensificada pelo sentimento do "também-poder", que no futebol é incomparavelmente maior do que no tênis ou no hóquei no gelo. A isso se liga, a despeito de toda identificação, a possibilidade de distanciamento crítico ("Eu não teria chutado fora!"), em virtude do que, por outro lado, é estimulada uma coparticipação ainda mais apaixonada.

Acresce a isso o caráter de equipe do jogo (que quase sempre falta no atletismo; este lança o esportista, também em nível profundo, contra um recorde abstrato e mal o coloca numa situação concreta que dependa de

---

14. R. W. Pickford, "The Psychology of the History and Organisation of Association Football", em *British Journal of Psychology*, vol. 31, II, 1940, pp. 129 e ss., considera que a bola, no rúgbi, carregada nos braços, é um símbolo materno, ao passo que, no futebol, representa um símbolo paterno temível. Além disso: F. J. J. Buytendijk, *Le Football*, Paris, 1952, uma obra que o presente trabalho segue em alguns pontos.

improvisação); mas é mais fácil investir a paixão numa equipe, e portanto num clube, que perduram, do que num indivíduo, a quem é dado apenas um curto tempo de rendimento máximo. O torcedor de futebol identifica-se, apesar de todos os ídolos individuais, com um clube, com uma instituição, que simboliza alguma coisa, sem, na maioria dos casos, ser membro dele.

A princípio, as torcidas teriam se organizado em torno de escolas; também os atritos entre gerações mais novas e mais velhas foram decididas muitas vezes no jogo; assim, o aparecimento do *Botafogo* (Rio) talvez se deva a uma geração mais jovem – e à sua torcida – que não queria, anos a fio, permanecer como segundo time do *Fluminense*. Muito mais importantes foram as torcidas – na medida em que se formaram em torno de clubes – que, como representantes de bairros, muitas vezes refletiam também diferenças sociais. Daí a sanha com que no Rio violentas brigas foram travadas entre torcidas, sobretudo quando um clube aristocrático, obedecendo à tabela oficial, precisava jogar no campo de um clube suburbano e ainda por cima vencia. Por outro lado, justamente um clube fino como o *Fluminense* contava, entre os seus adeptos mais apaixonados, com muitos torcedores dos círculos sociais mais pobres, principalmente homens de cor mais claros, que, dessa forma, se banhavam de sol no brilho do poder branco; pois sua mobilização furiosa testemunhava sua participação na esfera mais alta – ao mesmo tempo que eles assim se destacavam nitidamente dos mais pobres e dos negros retintos.

Em São Paulo, no entanto, o bairrismo das várias partes da cidade nunca pôde atingir uma intensidade semelhante, uma vez que a mobilidade horizontal e vertical nessa cidade que cresce em ritmo rápido é significativamente maior do que no Rio, e por isso não pode chegar ao estabelecimento de grupos nitidamente marcados e separados segundo bairros. Tanto mais identificam-se em São Paulo, uma cidade típica de imigração, massas imensas de imigrantes, segundo sua origem, com o *Palmeiras* (ex-Palestra) – um clube até hoje dirigido predominantemente por italianos e seus descendentes – e com a *Portuguesa de Desportos*, clube da colônia portuguesa, ao passo que o *São Paulo F. C.* conta, na multidão dos seus torcedores, mais com a população local da classe média, e o *Corinthians* principalmente com as massas do proletariado e dos homens de cor. Nos grandes encontros entre Corinthians e Palmeiras, por exemplo, descarregam-se, dessa forma, dentro das torcidas, não só as energias agressivas naturais das massas, mas também ressentimentos específicos de classes diferentes e de grupos locais e vindos de fora, de "naturais" de cor para os quais a ascensão é inauditamente difícil e de "forasteiros" brancos que sobem rapidamente[15]: um processo que não só ameaça como também provavelmente fomenta, através da reação de liberação no jogo, o acordo muitas vezes cordial desses grupos.

No Rio, onde a imigração portuguesa predomina, o *Vasco da Gama*, como instituição de elementos portugueses, tornou-se representante desse numeroso grupo. Os encarniçados choques da torcida de um clube que se afirmava "puramente brasileiro", como o *Flamengo*, com a torcida do Vasco, refletiam claramente, na esfera do jogo, o ressentimento inconsciente do antigo povo colonial contra a hoje rica "colônia" portuguesa – ressentimento aprofundado pelo fato de que o Vasco, seguindo a postura tipicamente portuguesa da democracia racial, foi um dos primeiros clubes que, ainda na época do amadorismo, reforçou seu time com elementos de cor, ao passo que o Flamengo adotava, naquela época, uma po-

---

15. Sobre a psicologia do torcedor, encontra-se muita coisa em novelas e contos. Por exemplo, Antônio de Alcântara Machado, "Corinthians 2 *versus* Palestra 1", em *Brás, Bexiga e Barra Funda*; Orígenes Lessa, "O Esperança Futebol Clube", em *A Cidade que o Diabo Esqueceu*, São Paulo, 1932 etc.

lítica estritamente "branca". O Vasco tornou-se uma verdadeira potência: não só os portugueses mobilizaram-se em torno dele com incrível paixão, mas também os homens de cor, que, através de sua participação num clube "europeu" como que se sentiam mais brancos. Todos esses complicados fatores psicológicos deram (e ainda hoje dão) às dissenções das torcidas uma veemência que dificilmente se pode imaginar na Europa. Como reação contra o atrevimento do novo-rico português, que havia vencido o campeonato da cidade do Rio, foi fundada uma nova liga dos clubes tradicionais, à qual o Vasco não devia pertencer. Quando, nessa ocasião, o Vasco foi batido pelo Flamengo, os adeptos deste colocaram, no portão da sede do clube vencido, um tamanco de quase três metros (o tamanco é um símbolo escarninho do português), e não falta uma deliciosa ironia ao fato de que os entusiasmados torcedores do "brasileiro" Flamengo tenham desfigurado o monumento a Pedro Álvares Cabral, descobridor português do Brasil, com cascas de cebola e também com tamancos. Os adeptos do Vasco vingaram-se besuntando de peixe a sede do rival. Assim descarregaram-se tensões ocultas numa forma razoavelmente inofensiva, como que na esfera onírica do jogo. Na esfera da vida cotidiana reinavam as mais cordiais relações entre brasileiros e portugueses; no que tange às torcidas negras do Vasco em sua luta contra os brancos do Flamengo (que, aliás, desde a profissionalização, contratou muitos jogadores negros), a relativa brandura do preconceito racial no Brasil é bastante conhecida.

3.4.2. O ídolo

A democratização do futebol brasileiro está intimamente relacionada com um nome: Arthur Friedenreich, filho de um alemão, que trabalhava no serviço público brasileiro, e de uma brasileira. Era chamado por seu pai de "pezinho de ouro". O gol da vitória, que marcou em 1919 contra o Uruguai, abriu ao homem de cor acesso aos times mais distintos. Um "moreno" tornara-se herói nacional. Friedenreich, consta numa história do futebol[16],

> veio ao mundo destinado a ser um mago da bola, assim como muitos outros prodígios nasceram para a arte, para a pintura, para a música [...] Em 1919 coube-lhe a honra de ser chamado um dos maiores brasileiros vivos [...].

Na realidade, homens de cor haviam realizado coisas extraordinárias no campo da literatura e da arte, mas essas criações tinham permanecido quase desconhecidas para as amplas massas do povo, e mesmo quando eles tinham ciência delas, sentiam demais a distância, pressentiam no íntimo a "deserção" desses brilhantes representantes de seu grupo para que pudessem sentir-se exaltados nelas. O jogador de futebol lhes pertencia; compreendiam-no, seu chute era o deles. Na medida em que começou a se comprovar o mesmo valor dos jogadores de raça negra – a princípio posto em dúvida pelo próprio homem de cor – cresceu simultaneamente a autoconsciência das massas e elas começaram a sentir o jogador negro ou mulato como seu representante. Gilberto Freyre disse, a propósito, que a massa se comporta, diante do ídolo, como o gato que, enroscando-se na perna do seu dono, parece adulá-lo, quando, na verdade, acaricia voluptuosamente a própria pele. Nesse sentido, não é de admirar que massas de imigrantes italianos encontrem seu ídolo em filhos de imigrantes italianos que sejam grandes craques de futebol. Todavia, foram sobretudo homens de cor, como Domingos da Guia e Leônidas da Silva, que se tornaram os ídolos máximos de todo o povo brasileiro, não só porque foram excelentes jogadores, mas porque neles se encarnava um dos mais altos

---

16. Thomas Mazzoni, *op. cit.*

valores ideológicos do Brasil: o da democracia de raças, por mais difícil que seja, em todos os casos, harmonizar a realidade com essa ideologia.

Leônidas – o "diamante negro" – era assediado para dar autógrafos na rua até pelas jovens das camadas sociais mais altas; seus retratos enchiam páginas inteiras de revistas; com reclames de pasta de dente, inauguração de lojas, palestras, ele ganhou rios de dinheiro; se sua mãe estava sentada na tribuna de honra, ela era, a cada gol de seu filho, literalmente coberta de notas graúdas pelos torcedores ricos. Um mulato como Leônidas foi, num sentido muito especial, expressão daquilo que Gilberto Freyre chama, numa acepção rigorosamente psicológica, de "mulatice brasileira".

A famosa elasticidade do mulato deriva de sua posição entre as raças e do seu desejo de fixar um *status*, de desempenhar um papel que as camadas dominantes não estão dispostas, sem mais aquela, a lhe conferir. Daí o "mulato pernóstico" que adere "à pompa e à pose e cuja linguagem se compraz em torneios rebuscados e amaneiradas flores de retórica"[17]. Transposto para o futebol, isso resulta numa retórica física do tipo mais brilhante, numa dança ornamental de artimanhas espertas, manobras sabidas e truques manhosos, de capoeira – a louvada "malícia" – à troça maliciosa, muitas vezes perigosa, ladina, daquele que prega uma peça no outro, desviando-o astutamente do caminho. Pois a astúcia também pertence ao ídolo – aquela astúcia dos heróis homéricos, de que se serve Antíloco na corrida de carros, antecipando-se a Menelau, "pela manhã, não pela rapidez" e da qual mesmo o árbitro Aquiles, na atribuição do prêmio, não está totalmente livre.

Gilberto Freyre analisou sutilmente essas questões:

> De maneira inconfundível formou-se um estilo brasileiro de futebol; e esse estilo *é* uma nova expressão da nossa mulatice, pe-

---

17. Ver capítulo 1, p. 36.

rito em assimilação, domínio e abrandamento coreográfico sinuoso e musical de técnicas europeias e norte-americanas, que são muito angulosas para o nosso gosto – trata-se de técnicas, de jogo ou de arquitetura. Pois nosso tipo de mulatice [...] é inimigo do formalismo apolíneo, é dionisíaco na sua mobilidade [...].

O estilo de futebol brasileiro, continua Freyre, lembra o estilo político de Nilo Peçanha, o importante político de cor.

No futebol, como na política, a mulatice brasileira caracteriza-se pelo prazer da elasticidade, da surpresa, da retórica, que lembra passos de dança e fintas de capoeira[18].

Leônidas foi o justo representante desse estilo, e se tornou ídolo de todo o povo brasileiro, que é preponderantemente de origem europeia. Isso se deu porque o povo viu nele uma expressão essencial do espírito e da mente, porque nele se reconheceu intensificado e numa sensacional plenitude. Ressentimentos profundos encontraram nos seus triunfos a sua redenção e o povo todo experimentou nele uma força libertadora.

Quando ele voltou da Europa, após o campeonato mundial de 1938, cidadãos brancos também disputavam a honra de carregá-lo nos ombros, num ambiente de desfile triunfal e de "carnaval" como só raras vezes poderia ter cabido a um general vitorioso. Como, em geral, o futebol brasileiro apresenta, em suas formas às vezes desbragadas, traços das saturnálias romanas primitivas, com a consequente suspensão das diferenças de nível social, ou, mais remotamente, com a festa da primavera sumeriana, à qual estava ligada a soberania múltipla de um rei saído do povo. Sua ligação secreta com a dança "dionisíaca", tão salientada por Freyre, está em harmonia com o "carnaval" em que desemboca a festa da vitória da equipe campeã do Rio, principalmente como costuma

---

18. Gilberto Freyre, *Sociologia*, Rio de Janeiro, 1945, vol. 2, pp. 421 e ss.

festejá-la o clube mais popular do Brasil, o Flamengo. Uma festa assim foi celebrada em 1954 no gigantesco Estádio do Maracanã. Músicos negros tocavam instrumentos de percussão africanos, meninos e moças de cor faziam suas acrobacias, balançando bandeiras e estandartes, enquanto negros e negras das escolas de samba premiadas, ricamente fantasiados no passo ao mesmo tempo solene e descontraído do ritual carnavalesco, equilibrando-se com jeito e contudo como que arrastados pelos círculos dos estandartes pesados, dançavam lentamente à volta do grande estádio.

3.4.3 Macumba

As relações do jogo com a dança, com a festa e a esfera do culto (no sentido mais amplo da palavra) não são nada de novo – pelo contrário, são antiquíssimas. Falar no sentido religioso dos Jogos Olímpicos gregos seria supérfluo. O mesmo vale para os jogos e prélios medievais e, em grau mais alto ainda, para os jogos de bola centro-americanos dos astecas, nos quais a bola, como símbolo cósmico do sol, tornou-se motivo da luta entre representantes do dia e da noite, em tribos mais ao norte também símbolo da virilidade e da fecundidade, na medida em que ela precisava atravessar voando um anel semelhante a um gol.

O futebol brasileiro sem dúvida faz parte de uma evolução moderna de caráter inteiramente profano. Sente-se, contudo, sua secreta tendência a ritualizar-se, sua orientação para esferas de sentido que parecem não lhe caber. Isso não é de se estranhar onde são mobilizadas paixões tão profundas, onde tanta coisa "está em jogo" e onde a deusa Fortuna tem uma influência tão decisiva. Para uma imensa torcida, a vitória de seu time, que se transmite para o grupo inteiro, significa um triunfo coletivo, um incremento da honra e do poder e, ao mesmo tempo, uma revelação do curso feliz das coisas. Um jogo de dados superior – como porventura o jogam os deuses da Índia –, o resultado de um grande jogo quase se parece a uma sentença de Deus, que já antes se anunciara muitas vezes na disputa. Assim, pois, o grande jogo torna-se objeto de um cerimonioso coro alternado das seitas, que se manifestam, quase como outrora nas festas de Demeter e Dioniso, em cantos "iâmbicos" de escárnio e zombaria; se um grupo ganhou, faz parte do ritual da torcida gozar a derrota da outra, que dias a fio ostenta a "cabeça inchada", e dar vazão a esse gozo em refrões. Participar desse jogo da torcida é obrigação séria do cidadão integral, a não ser que ele mesmo se excluísse da comunidade – um indivíduo "consagrado à morte" no seu total isolamento. Só envergonhado se pode admitir -se se pertence a esta ou aquela seita – que se é um completo pagão nesse domínio.

Quando se considera a imensa carga de sentimento que se irradia da torcida para os times, entende-se que eles busquem abrigo em esferas sobrenaturais, para se certificarem da estimulação benévola, num lugar onde tanta coisa depende do "acaso" ou da "sorte" (forças manifestamente míticas) ou para que "caiba" ao adversário o desfavor de forças demoníacas. O sincretismo das entidades invocadas é característico. Os mesmos jogadores que suplicam a vitória a Nossa Senhora da Vitória, São Jorge, Santa Bárbara ou – quando são de cor -São Borja, São Damião ou São Cipriano; que antes do jogo, fazem promessas na igreja e o sinal-da-cruz quando entram em campo, realizam, ao mesmo tempo, gestos mágicos que influenciam magneticamente a bola, batem nas traves e traçam linhas misteriosas para fechar o gol (para mantê--lo "virgem")[19]. Embebem de água a chuteira ("meu santo está com sede!") ou lavam os pés, em banhos de ervas

---

19. Sérgio Milliet, "Futebóiia", em *O Sal da Crítica*, São Paulo, 1941.

que lhes são prescritas por pais-de-santo, após o que atiram o líquido no campo do adversário, para prejudicá-lo. Às vezes equipes inteiras, antes que o jogo comece, são objeto de rezas e defumações.

A visita a pais-de-santo é frequente, e muitas vezes ocorre que diretores do clube empreendem a peregrinação juntamente com seus jogadores. O *América* do Rio, que tinha de sair vitorioso de uma luta com o Vasco, fez um despacho especial, que consistia em farinha de mandioca torrada, óleo de dendê, três charutos, três moedas, um galo preto, uma pitada de sal e três velas: duas para ficarem ardendo numa encruzilhada perto da sede do Vasco, ao lado do festim de satanás, uma para permanecer no despacho. Se este fosse aberto no dia do jogo – mesmo por um vira-latas – então o diabo iria meter a mão no jogo e o América venceria infalivelmente o encontro. Um negro do clube – um dos maiores do Rio – foi nomeado oficialmente pai-de-santo de uma seleção que viajou para Montevidéu, para lá travar a luta pela Taça Rio Branco.

Assim sucedeu muitas vezes que o branco, empenhado em "esclarecer" psicologicamente o negro, por seu turno foi "escurecido" psicologicamente por este ("choque de retorno", como chamou Arthur Ramos).

3.5. *Catarse das Massas*

Sobre o significado que cabe ao futebol na vida da sociedade brasileira muita coisa ainda poderia ser aduzida: porventura mencionando-se o tempo e as somas que lhe são cedidas nas estações de rádio e televisão, ou o número de colunas que lhe são dedicadas nos jornais. Sua manifestação na literatura e no vocabulário é digna de um estudo. Seria importante também uma análise de sua influência na política, sobretudo na municipal, onde a torcida de um clube tornou muito protetor não só deputado como também prefeito.

Expôs-se minuciosamente em que medida o futebol abriu um canal importante de ascensão para o homem de cor. Mas precisa ser frisado que se trata, em primeiro lugar, de possibilidades puramente econômicas, que em geral só produzem efeitos sociais nos descendentes. Seria um erro pensar que o jogador de futebol como tal, em consequência do seu prestígio como craque, encontra, na mesma medida, reconhecimento social[20]. Ao ídolo abrem-se todas as portas, mesmo a dos palácios; mas sua auréola pertence a outra região que não a social: é efetivamente uma auréola que assimila a situação "extraordinária" do jogador. Ele é um rei na esfera do entusiasmo festivo e do êxtase das massas, nessa posição talvez comparável aos atores ou músicos nas cortes dos séculos passados: eram bem considerados, mas não eram levados inteiramente a sério.

Essa comparação traz à luz a valência estética do futebol. Nele encontram expressão impulsos irracionais da espécie mais violenta. Expressão já é, em si, libertação. Aqui se trata, no entanto, de uma expressão lúdica, ou seja, de uma descarga daqueles instintos moldada e cultivada por estrita disciplina e firmes convenções, refinada pelo "tratamento" artístico da bola – em suma: de sua sublimação. O fato de as regras às vezes serem transgredidas testemunha a força desses instintos, da mesma maneira que, na poesia, sentimentos muito fortes buscam expressão em versos livres. Mas com isso está dada uma constelação estética. O futebol é uma expressão *simbólica* de energias primitivas, até destruidoras: é sua representação organizada. Por mais que não se esteja inclinado a ir tão longe quanto Buytendijk[21], que o compara ao teatro

20. Nesse erro incide Mário Rodrigues Filho, *op. cit.*, a cuja obra extraordinária, aliás, o autor muito deve.
21. F. J. J. Buytendijk, *op. cit.*

grego – não interessa qualquer valoração a este trabalho –, precisa, entretanto, ser salientado que são esses elementos formais que tornam, o futebol um grande espetáculo, um "*show* teatral" (*Schau-Spiet*). No sentido de *show* – mesmo que não no sentido de esporte – é indiferente se os atores são amadores (diletantes) ou profissionais; estes últimos, que se sentem realmente verdadeiros "artistas de circo", devem ser, nesse sentido, até preferidos. Também entre os espectadores produz-se imediatamente a constelação estética: de um lado, a identificação, o *viver com*, de outro, a distância crítica, e portanto, a contemplação que quer o impulso primitivo mas em sua forma purificada, como expressão lúdico-simbólica de controle humano e conformação de energias irracionais. Assim, o futebol leva a uma catarse das massas, a uma descarga do ser animal – cuja motivação em sua escala de valores não vem ao caso – e a uma sublimação de tensões que, como se mostrou, contam, no Brasil, com uma abundância extraordinária de pontos de cristalização e de condensação.

Tradução de Modesto Carone

ANATOL ROSENFELD NA PERSPECTIVA

Texto/Contexto I (D007)
Teatro Moderno (D153)
O Mito e o Herói no Moderno Teatro Brasileiro (D179)
O Pensamento Psicológico (D184)
O Teatro Épico (D193)
Texto/Contexto II (D254)
História da Literatura e do Teatro Alemães (D255)
Prismas do Teatro (D256)
Letras Germânicas (D257)
Negro, Macumba e Futebol (D258)
Thomas Mann (D259)
Letras e Leituras (D260)
Na Cinelândia Paulistana (D282)
Cinema: Arte & Indústria (D288)
Preconceito, Racismo e Política (D322)
Judaísmo, Reflexões e Vivências (D324)
Brecht e o Teatro Épico (D326)
Teatro em Crise (D336)
Estrutura e Problemas da Obra Literária (EL01)
Mistificações Literárias: "Os Protocolos dos Sábios de Sião" (EL03)
Anatol "On The Road" (P22)

Este livro foi impresso na cidade de Cotia,
nas oficinas da Meta Brasil, para a Editora Perspectiva.